「レジリエンス」を鍛える92の言葉

the ONE 69

逆境力

關於把挫折化爲養分
找回自信的92句話

日本心理諮商師
植西聰——著

邱心柔 譯

八方出版

序

我們的人生有高峰，也有低谷。

有時候，我們會碰到一些出乎意料的事情，頓時陷入困境當中，比如：

「工作失敗，陷入了困境」、

「不得不過的苦日子——金錢上的困境」、

「被群體排擠——人際關係上的困境」、

「夫妻關係、親子關係出問題——家庭關係的困境」、

「證照、檢定考試怎麼考都考不過——學習上的困境」、

「身體出問題，只能臥病在床——健康上的困境」、

「覺得什麼事都好煩——精神上的困境」

諸如此類，人生中會遇見許多困境。

我們可以說，**人生就是一個接一個的困境**。

甚至可以說，人生就是接連不斷的困境所組成的。

想要在這樣有高有低的人生波折中堅強地活下來，就需要有克服困境的能力，也就是**「心靈韌性」**。

本書根據心理學的報告，以及許多克服過各種困境的偉人語錄，歸結出了92個「克服困境的訣竅」。

讀者一定可以在書中找到一些對日後人生有幫助的建言，相信這些建言可以協助讀者活出充實又豐收的人生。

我認為，要成為「不畏困境的人」，以下三個思考方式特別重要：

- **正向思考**
- **自信思考**
- **自我效能思考**

「正向思考」，**就是不要鑽牛角尖**。

不要想不開，而是期待美好的未來到來，同時努力活下去，這是很重要的一點。

「自信思考」，就是重視自己。

不是一直只想著自己的缺點、想著自己很沒用，而是要認知到「我真的很棒」，心裡時時保持這樣的想法。

「自我效能思考」，則是相信自己的能力及精神力。

不去想說「做了也沒用」，而是深信「憑我的能力，只要有心就做得到」。

本書收錄了許多建言，但根本上都是建立在「正向思考」、「自信思考」、「自我效能思考」這三個思考方式上面的。

我相信，只要好好學會這三個思考方式，不管遇到什麼樣的困境都將戰無不勝。

第一章　重新站起來的力量來自於「過感謝的生活」

第二章　面對人生的正確態度

第三章　不要勉強自己

第四章　直到最後一刻都要相信還有可能

第六章　尊重自己

第七章　樂觀思考

第八章　為自己加油

第九章　珍惜人際關係

第一章

重新站起來的力量 來自於「過感謝的生活」

傾訴可以「淨化」情緒

◆不要獨自一個人煩惱

有時候，人們會被困在悲傷、不安、低落、苦惱、自卑等負面情緒裡。

特別是身處逆境的時候，內心會容易被這些負面的情緒牽著走。

那麼，要怎麼平復、消除這些負面的情緒呢？有個線索能作為參考。

心理學中有個詞叫做「**宣洩法**」（catharsis）。

日文稱為「淨化」。

意思是：「洗淨內心負面的情緒，淨化心靈」。

要「淨化」心靈，有幾個方法。

其中一個方法，就是「**跟別人說說**」。

舉例來說，當工作進行得不順利，面臨困境的時候，如果獨自一個人默默承受，那麼心中的焦躁、苦惱、對未來憂心忡忡等等情緒就會不斷加深。

再來就很容易演變為，這樣的負面情緒把自己弄到抓狂的地步。

這種時候，**只要跟信賴的朋友或家人說說自己現在的處境或心境，內心就會變得輕鬆許多**。

因為產生了心理學說的「宣洩效果」。

也就是說，藉著「說」這個行為，可以清掉心裡累積的一些煩躁情緒，心就「淨化」了。心靈「淨化」了，就能抱有希望，覺得「只要我好好努力的話，事情總會有辦法的！」。

想要讓內心能輕鬆愉快，就不要一個人獨自承擔，說出來給人聽聽是很重要的。

一直抱怨，對事情也不會有任何幫助

◆想想什麼是自己該做的，並採取行動

有些人在人生中或工作上，只要一有不順心的事，就會立刻怪到別人頭上，抱怨別人。

但是，就算這樣也不會對事情有任何幫助。

想要改善眼前的狀態、脫離不如意的處境，自己就必須要想想該怎麼做才好，並將它化為行動。

這裡有個很有趣的心理學報告。

有一群年輕人因為進修的關係，到美國的大學進行短期留學。

他們住進了大學宿舍，而宿舍裡完全沒有杯子。

心理學研究人員把杯子都收走了，要觀察這樣的情況下這些年輕人會如何行動。

杯子是生活必需品，不論是喝飲料，或是刷牙，都需要杯子，生活中沒了杯子，就會十分不便。

其中有一個年輕人問舍監說：「有杯子嗎？」，舍監回答：「沒有」。之後，這些年輕人所做的，就只是彼此說著這間宿舍的不是，「為什麼不準備杯子啊？」、「這宿舍也太不替人著想了吧！」完全不去想辦法從外面取得杯子。

明明宿舍附近就有超市，超市裡面就有賣杯子。

這個心理學實驗顯示出，「**一般來說，人遇到事情往往只會去抱怨，卻不會去設法解決問題**」。

一旦陷入困境時，「光只是發牢騷，卻什麼也不做」的這種人，在我們日常生活中是不是出乎意料地多呢？

遇到難關首先必須要想想，自己該怎麼做才好，再展開行動。這麼一來，或許就能簡單地脫離困境了。

要想「不是只有我這樣」，才有勇氣去面對

◆跟處境和自己一樣的人說說話

有些人罹患重病，對自己的未來感到十分擔憂。

生病的時候，要是心裡一直懷有強烈的不安，絕對不是件好事。有可能因此憂愁過度，反而使病情惡化。心理的壓力也可能使人變得自暴自棄，無法專心接受治療。

因此，罹患重病時，需要盡可能地減輕「對病情的擔憂」。

為了要做到這點，心理上常常使用的一個方法是，「**兩個罹患同樣疾病的人，互相向對方說出自己現在的心境**」。

這個方法的目的在於使人意識到「不是只有我一個人會擔心」。

「原來這世界有很多人，跟我得一樣的病，也跟我一樣擔心得不得

了。」光是知道這樣，人的內心就會輕鬆起來，也會產生勇氣，浮現「我要努力和病魔搏鬥！」的想法。

當知道「不是只有我一個人這樣」，**原本只一味著眼於自己的病情、鬱鬱寡歡的這種情緒，就會向外釋放出去**。

我曾聽過這樣的事：

有位男性因為要動大腸癌手術而住院。他原本相當害怕，但是，他在醫院休息區裡，認識了一位和自己一樣得了大腸癌而住院的患者。

每天，他們都跟對方說說自己心裡的害怕與擔心，也互相鼓勵對方。這麼做之後，心情就變得很輕鬆，也湧現了與病魔對抗的勇氣。

所以，跟處境和自己一樣、和自己一樣苦惱的人互相吐露心聲，就會察覺到「不是只有我這樣」，於是心情就會輕鬆起來，得到勇氣再繼續對抗病魔。

愛說「以前真好啊」的人，跳脫不了困境

◆不要光懷念從前，談談今後的展望

有些人總是眷戀過去的時光。

「以前真好，什麼事都很順利。」

「真懷念以前，那時候大家都對我很好。」

「我會不停地想，要是能回到過去的話，那一定很幸福！」諸如此類。很遺憾，像這種只會把「以前真好」掛在嘴上的人，絕對不屬於「不畏困境的人」。

反過來說，這類型的人，**就是企圖心不夠，沒有考慮到「光明的未來正等著我，今後我要創造更加幸福的人生」**。也就是說，他沒有十足的信心。

因為這樣，於是就容易一味地懷念過去。

心理學做過這樣的調查：

這個調查，是針對那些因故而導致身無分文、接受政府社會救助的人。這些接受社會救助的人當中，有的人總是在懷念以前的事情，覺得「以前真好，經濟寬裕，和家人過得很幸福⋯⋯⋯⋯真想回到過去」。

這種類型的人，很多人就算過了一兩年，仍然還是需要政府的救助。

相反的，心裡認真想著：「我想要脫離現在這種接受社會救助的生活」的人，不太會一直去眷戀過去。

而且，這個類型的人，都比較快能自立、回歸社會。

在公司中，也會有些員工整天在懷念以前的事、也有一些老闆把「以前真好」當作口頭禪、還有些人成天只說自己以前的事。這樣的人，說實在的，只能說是沒有面對逆境的能力。

「不畏困境的人」，重視未來更勝於過去。

「害怕失敗而什麼都不做的後悔」比「失敗」更難受

◆不要害怕失敗，脫離困境需要行動

要脫離不好的處境，就必須採取具體的措施。

也就是非得採取行動來突破困境才行。

然而，我們卻不知道採取的方案會不會成功。有可能會失敗，甚至還會陷入更糟糕的局面也不一定。

因為如此，**人在陷入困境時，會不自覺變得膽怯**，思考也會變得比平時還要謹慎。

所以，有些人就算很想要盡快脫離眼前這個處境，也會因為害怕行動失敗，於是就什麼也不做，只是在一旁靜靜看著。

有個心理學的調查，可以給這一類人做參考。

這個調查是針對一些單戀中的男女。

對喜歡的人告白、說出「我愛你，請你跟我交往」是需要勇氣的。

因為，告白有可能遭到對方拒絕，以失敗告終。

要是被對方拒絕的話，就會很後悔，想說「要是沒有告白就好了」。

但是，如果因為害怕被拒絕而沒有告白，也還是會後悔，想說「那個時候要是有告白就好了」。

而這個心理學的調查，是要查出「告白被拒絕時的後悔」和「沒告白時的後悔」，哪個後悔的程度比較大。

結果，是「沒告白所產生的後悔」要大得多，而且，之後往往還會持續後悔很久。

「告白被拒絕時」是會後悔沒錯，但許多人很快就能轉換心情，接著邁向往後的人生。

「為了突破困境所做的行動」也是一樣，「因為害怕失敗所以什麼都不做所帶來的後悔」要大得多。

果敢採取行動的話，就算失敗了，也比較不會後悔。很快就能切換心情，思考下一個行動。

悲傷的時候，聽悲傷的音樂，心就會輕鬆起來

◆「藝術性的悲傷」能平復悲傷的情緒

「覺得傷心、情緒低落時，聽聽悲傷的音樂、看看悲傷的電影，大哭一場之後，心理就頓時輕鬆了起來……」我想應該有很多人曾經有過這樣的經驗吧。

這是因為，心中出現了「**用悲傷來撫慰悲傷**」這樣不可思議的現象。

被男女朋友甩了的時候、被信任的朋友背叛的時候、覺得都沒有人了解自己的時候，人會深深沉浸在悲傷中。心裡充滿著悲傷的情緒，也會讓人把自己的人生想得很悲觀。

進而失去幹勁，渾渾噩噩過日子。

像這種時候，「悲傷的音樂」、「悲傷的電影」、「悲傷的小說」就可

以撫慰人心。

有些人可能會想：「難過的時候還聽悲傷的音樂，不是會更難過嗎？」

其實並不是這樣。

跟「悲傷的音樂」、「悲傷的電影」、「悲傷的小說」深深產生共鳴，就會感到自己的內心得到了救贖。

在音樂、電影及小說當中，會把「悲傷」的情感描繪得很唯美、有渲染力，甚至是充滿戲劇性。藉著跟「藝術性的悲傷」產生共鳴，可以美化心裡累積的悲傷情緒。

並且，開始能夠肯定、接納這種情緒，**覺得「感到悲傷絕不是什麼壞事。這樣豐富的情感是充滿人性的」**。

這麼一來，原本一直累積的鬱悶心情就能加以釋放。心裡輕鬆起來，也就會燃起幹勁，能繼續積極前進了。

「感謝」能平撫情緒

◆情緒低落的時候，才更要感謝天

心理學裡有個分支稱為**「正向心理學」**。

所謂的正向心理學，是在研究人類要如何活出更幸福的人生，以及研究當一個人幸福時，要怎麼讓他身邊的人及整個社會也幸福。是這樣一門正面的心理學。

而這門正向心理學，非常重視「感謝」這件事。

這是因為，**「感謝」**能夠幫助人們提升幸福感。

其中一個理由是，當有什麼令人開心的事情發生的時候，如果心存感謝地說「這都是大家的功勞，真的非常感謝大家」，這份「開心」的感覺就會大增，倍增為原來的兩倍、三倍。

而另一個原因，也是這邊想要強調的，就是「感謝」對於緩和「難受」、「痛苦」、「煩惱」的情緒，有很好的效果。

假設現在有某件事失敗了，因此而牽連到周遭的人，大家對此有諸多抱怨，自己也到處被人罵，於是自己情緒就變得非常低落。

這時候要感謝天。

有句話可以作為參考，英國的銀行家、政治人物，同時也身為科學家的約翰・盧伯克（Sir John Lubbock）（19～20世紀）說過：**「就算遭遇了許多失敗，也沒什麼好懊惱的。不如說這是老天爺給的忠告，反而應該好好感謝才對。」**

也就是說，當我們失敗的時候——

「真是讓我上了一課」要這麼感謝天。

「我之前太自大了，謝謝你讓我有機會好好反省」，這樣對老天爺說「謝謝」。

像這樣的感謝，可以緩和負面情緒，轉為正向思考。

處在困境之中，也不要忘記「心懷感恩」

◆以感謝代替抱怨

正向心理學中，有個這樣的事例。

當一些自然災害發生的時候，例如地震、豪雨或火山爆發時，人們要到學校體育館避難。有時候無法很快就回家，必須要在避難所住上幾天。

在這種情況下，許多救援物資如水、食物等等，送到了避難所。

在領取救援物資的時候，有些人會說「謝謝」，並心懷感激地收下。

另一方面，也有些人完全不會說任何感謝的話。

這些遭遇自然災害，心裡痛苦又難過，而在這種情況下還不忘表達謝意、對前來救援的人說「謝謝」的人，會比那些完全不表達謝意的人，還要更快重新振作起來，更積極地迎向未來。

這個故事是告訴我們，心懷感恩有多麼重要，就算遇到困境，也要一直「心懷感恩」。

人們在痛苦難過的時候，常常就會忘記要「感謝」。別說感謝了，有些人甚至會一直罵別人，「都是那個人害的，害我現在變成這樣」。

就算身旁的人主動說「你有困難對不對？我來幫你」，有些人還會說「多管閒事」，很兇地拒絕對方。

這些人跟「會感謝別人的人」比起來，心理上復原的速度比較慢。對逆境的承受度很低。

就算遭遇困境，也要心存感謝……不，應該是**遭遇困境時，才更要記得「感謝」**。這個方法也可以對自己的心理有所幫助。

能夠感謝自己缺點的人，就是不畏困境的人

◆不要掩飾缺點，要感謝缺點

美國思想家拉爾夫・沃爾多・愛默生說過：「人要感謝自己的缺點」。

「我生得這麼笨拙，實在太好了，真是值得高興。」

「不擅言詞是我的缺點，但是要對我的不擅言詞說聲『謝謝』。」

他說，應該要這樣來「感謝自己的缺點」。

為什麼要「感謝自己的缺點」呢？因為我們這麼一來就會變得謙虛。

還有就是，能正確理解自己的能力究竟達到什麼程度。

如此一來，就不會因為自大而導致重大失敗，行事會變得更加謹慎。

如果能承認自己的缺點，那麼面對事情，就會這樣認真思考：「像我這麼笨拙、不會做事，必須要怎麼做才能讓事情成功呢？」、「像我這麼不會

說話的人，必須要怎麼做才能說服別人呢？」。

還有，也就能虛心地傾聽別人給的建議與忠告，不會被自我厭惡的情緒胡亂牽著走。

以上這些，在身處困境時特別要留心。

越是痛苦的狀態下，「不承認自己缺點的人」就越會掩蓋自己的缺點，硬去做些自己做不來的事。

明明是個做事笨拙的人，卻還去模仿會做事的人，慌慌張張急著想要快速將事情順利解決。明明是不擅言詞的人，卻模仿口才好的人，對誰都滔滔不絕，想藉此說服人。

這樣做反而只會讓情況變得更糟，對吧？而且，一旦事情進展不順利，自我厭惡感就會更加強烈。

因此「感謝缺點」實在很重要。

要把「過去感謝別人時的情景」牢記在心

◆處在逆境，就重溫「過去的感謝心情」

法國有位人物，儘管是聾啞人士，天生條件不利，卻還當上了學校老師，他叫J．B．馬修（19世紀）。

這位馬修說過這樣的話：**「將過去感謝別人時的情景寫在心裡，永遠記起來。」**

為什麼要將「過去感謝別人時的情景」記在心裡呢？

這是因為，要是之後哪天陷入困境，感到痛苦的時候，**「過去感謝別人時的情景」可以鼓舞內心，支持我們走下去。**

有位女性曾說：「直到現在我都忘不了對母親的感謝之情。」

她是由單親媽媽養大的。

家裡經濟狀況很不好，但是多虧了她的媽媽兼差、辛苦賺錢，讓她還能上大學。

而且，還進了一流公司工作。

她心裡一直都很感謝母親。

而她說，當她在工作上遇到重大問題、非常痛苦的時候，她就會去回想至今對母親的感謝之情。

這麼一想，內心就受到了鼓舞，「怎麼能因為這點事就灰心喪氣呢！」心態變得積極又正向。

「對父母的感謝」

「對恩師的感謝」

「對朋友的感謝」

諸如此類，人在長大的過程中，感謝過各式各樣的人。

將這些「過去曾有過的感謝」一個一個記在心上的人，就是「不畏困境」的人。

驕傲自大的人，往往在遇到困境後一蹶不振

◆不要自滿，謙虛過活

某位男性會寫「感謝日記」，回想當天曾感謝過的事，並寫到日記上。

像是這樣的內容：

「今天工作進行得很順利，不用留下來加班。這都多虧了同事〇〇〇。〇〇〇，謝謝你！」

「今天朋友給了我一個非常棒的資訊，幫了我一個大忙。非常感謝這位朋友！」

這位男性說，他寫了這些「感謝日記」後，發現了一些事。

那就是，**「了解到自己活在世上，受到了多少人的幫助」**。而且，跟寫「感謝日記」前相比，現在變得不再自以為很厲害，能夠保有謙虛的心態。

「不會自以為有多厲害」

「變得謙虛」

這幾點對於抵抗逆境、活出堅強人生，是很重要的。

傲慢又自負的人，在陷入困境時，只會想用自己的力量解決問題，往往反而讓事態更加惡化。

法國思想家伏爾泰曾說：**「傲慢與自負，就像是充氣的氣球。稍微刺個洞氣就洩了，瞬間就會掉下來。」**

這句話中提到的「稍微刺個洞」，指的就是「稍微陷入困境」。

伏爾泰想說的是，「自負又傲慢的人一旦遇到困境，很容易就此一蹶不振。所以做人不要自大，要謙虛過活」。

第二章 面對人生的正確態度

適度的期待可以提升企圖心，過度的期待讓情緒低落

◆適度的期待感會帶來幹勁

所謂的期待感，跟工作企圖心是有正相關的。

「好好努力就會有更多獎金，還能飛黃騰達。」如果有這樣的期待感，工作時自然就會產生幹勁。

而且，這樣的人還會產生決心與毅力，就算是比較辛苦的工作，也忍耐得下去。

只是，如果抱有「過度的期待」，反而很危險。

當結果「不符預期」的時候，我們的失落感就會非常強烈，甚至可能再也不能振作起來。

我曾聽過這樣的案例：

有位女性的夢想是成為電視連續劇的編劇，為了要實現這個夢想，她進了培育編劇的學校就讀。學校裡的講師一直稱讚她，對她說：「你寫的劇本很好，一定能成功當上職業編劇。」她也對自己的未來抱有很大的期望。

然而，她投了無數次自己寫的劇本到應徵新人的電視台，卻完全不被採用。就這樣努力了三年，結果卻一個劇本都沒有被選上。

從結果上來看，完全「期待落空」了。

最後，她整個人變得意志消沉，身心都不再健康，不得不放棄「當編劇」這個夢想。

「過度的期待」，有時候就會造成這種結果。

鎌倉時代後期的作家吉田兼好（13∫14世紀）說過：

「凡事都不該有過度的期待。愚蠢的人才抱有過度的期待，當期待落空時，就會去怨恨、發怒或變得意志消沉。」

期待不要過度，適度就好。而適度的期待也是讓我們不畏困境的一個方法。

人比人只會氣死人

◆專心在自己該做的事情上

意志消沉的時候，不隨便「拿自己與別人比較」，是比較明智的行為。因為有可能會更覺得自己處境很悲慘，就變得更加消沉。

一個美國的心理學研究中，對商業人士做了問卷調查，問他們「你覺得你的薪水跟別人比起來如何？」。

結果大多數的人都回答「我覺得我的薪水比別人還低」。很有意思的是，一些薪水比平均值還要高很多的人，也回答「我的薪水很低」。

這個調查顯示，**「當人們將自己和他人相比的時候，往往只會去注意那些比自己好的人。然後，跟這些比較好的人相比之後，就容易覺得自己很不幸」**。

「意志消沉的人」的心理也跟這一樣。

意志消沉的時候，如果想想那些沒自己幸福的人，某種程度來說，心情就會變得比較輕鬆，「跟那個人比起來的話，我還算幸福」。

但是，人不太會這樣想。

人們總是不知不覺就去想那些比自己好的人，然後就容易出現這樣的想法——

「那個人過得那麼幸福，為什麼就我一個人要這麼痛苦啊？」

「大家都活得那麼好，我卻這麼遜，都一直失敗。」

結果，情緒只會變得越來越低落。

為了避免這樣的事發生，就不要拿自己與別人比較。

不要去和人比較，只要專心在自己現在該做的事情上就好。

這樣做的話，事情很快就會往好的方向發展。

猶豫越久，就越容易後悔

◆不要用模稜兩可來拖延時間

人生在很多場合都需要做出「選擇」。

例如說「有男性跟自己求婚的時候」。或者，也有可能是朋友對自己說「要不要把現在的工作辭了，跟我一起來做生意？」。在這些情況下，回答就只會有「我接受」、「我拒絕」這兩種。

儘管如此，有些人會回答「我現在無法做出任何回覆」、「我不知道，讓我想一想」，把答覆的時間再往後延。

當然，要做出人生中重大決定的時候，必須要經過好好思考，避免出錯。但是，如果像「我現在無法回答你」、「我不知道」這樣回答得模稜兩可，那麼就算經過了長時間的考慮，也未必能做出「正確的判斷」。

有心理學報告指出，當人們被迫做出決定的時候，那些喜歡回答「現在無法回答你」、「我不知道」，**用模稜兩可的態度來拖延時間的人，之後如果發生了什麼問題，常常就會感到非常後悔，覺得「那時候我為什麼要那樣做啊！」，從意志消沉的狀態下重新振作起來的速度往往也比較慢**。

例如，朋友找你一起做生意。你經過慎重考慮以後，終於決定接受朋友的邀請，辭了工作，一起去做生意。這時候，如果生意做不好的話，就會開始後悔，心想「要是那個時候沒答應他就好了」、「要是沒有辭掉工作就好了」。然後只顧著後悔，無法再繼續向前邁進。

那麼，要是在苦思良久後，拒絕朋友的邀請，繼續留在公司裡，又會怎麼樣呢？如果在工作上陷入僵局，這次則會想「要是接受他的邀請就好了」、「要是當時辭掉工作、去做生意就好了」，依然只顧著後悔，無法再往前邁進。

被迫做出人生重大選擇的時候，確實必須要好好地思考，但是，用模稜兩可的回答來拖延時間，絕不是什麼好辦法。不管做出哪個選擇，之後一旦遇到困難，往往會深深陷入後悔的情緒裡。

在深思熟慮後，就不要再拖延時間，馬上做出決定並付諸行動，這麼一來事情往往也比較會成功。

有自己的「理想」，心就會堅強

◆想想「自己的理想是什麼？」

在陷入困境時，「一直懷抱理想」將成為自己內心強大的支柱。另外，也能給予我們勇氣與企圖心，讓人能夠藉此戰勝逆境。

日本明治時期有位政治家，名叫板垣退助（19～20世紀）。板垣退助是土佐藩（現今的高知縣）的藩士，參加了打倒德川幕府的戊辰戰爭，在明治維新之後成為明治政府的一員。

然而，由於政治主張不同，後來他被逐出了明治政府。

他在這之後回到了出生地高知，開始進行自由民權運動。

自由民權運動是項政治運動，目的在於「建立自由民主的國家」，而這也是板垣退助的理想。

可是，很多人干預這項政治運動、迫害提倡這個運動的人，到了最後，板垣退助還被歹徒襲擊。

據說板垣退助遭人刺殺時，身上流著血，大喊：

「**就算板垣我死了，自由也不會死。**」

儘管在政治上被逼得走投無路，但是憑著「自由民權」這份理想，板垣退助就能克服眼前的困境。

即使被歹徒所傷，但因為「自由民權」這份理想，板垣退助仍然能繼續堅持。

所幸，當時板垣退助並沒有因此送命。

而且，之後又再次回到了明治政府任職。

懷抱理想，心就會變得強大。因此，抱有理想是活在這世上一件很重要的事。

只是，理想是因人而異的。「建立幸福的家庭」、「充分享受人生」，應該有人有著這樣的理想吧？

如果有適合自己的理想，就特別禁得起逆境的考驗。

找到自己「人生之道」的人，不容易被困境打倒

◆努力找出「屬於自己的人生之道」

我們可以說，能夠好好發揮所長的人，特別禁得起逆境的考驗。

有屬於自己的生活態度的人，不管在怎樣的困境中都不會被擊敗。

有位活躍在日本大正、昭和年間的小說家，名叫武者小路實篤（19～20世紀）。

他曾說過以下的話：

「**再也沒有別條路比這條路更能讓我一展所長了。我要行走於這條人生之道上。**」

實篤的「人生之道」，就是「寫小說」。

他說：「除了寫小說之外，就沒有別的事情能發揮我的能力了。我的人生就是要寫小說。」

實篤的話中想必是藏著這樣的意思——

「在這之後，或許會面臨到金錢上的困難。

或許會遇到什麼麻煩，而陷入危機。

或許沒有人能理解我，時常形單影隻。

但就算這樣，我也還是會相信『寫小說就是我的人生之道』，並打算一直寫下去，不會迷失自己。」

實際上，實篤直到去世前都持續不斷地「寫小說」，貫徹了他的「人生之道」。

然而「讓自己發揮所長的事」、「屬於自己的人生之道」並不是那麼簡單就能找到的。

人們都是去挑戰各式各樣的東西，遭遇一些失敗，經歷灰心喪氣的過程，才慢慢去找到它。

但是，一旦找到了這條「人生之道」，即使遭遇困境，內心也不會有絲毫動搖。

對那些下功夫去尋找「人生之道」的人而言，困境是不存在的。

◆人生要貫徹正義

有正義感的人，不容易被困境打倒

在陷入困境、灰心喪氣時，「抱持正義感」，會讓內心有所依靠。

日本平安時期有位學者兼政治人物，名叫菅原道真（9～10世紀）。

道真受到當時天皇的重用，輕輕鬆鬆就坐上了很高的官位。

但是，在朝廷中跟他爭權奪位的藤原時平對他用計，道真落入了圈套，被冠上莫須有的罪名，貶到九州的大宰府[1]。

道真當時肯定感到非常地悔恨。

他說過，「**過去從未有邪惡之人能勝過正義之人者**」。

道真是「正義之人」。他不騙人，也不會輕視他人，始終貫徹正確的人生態度。

他之所以昇上高位，並不是靠卑鄙的手段，而是憑藉自己的聰明才智，光明磊落地在朝廷裡治理朝政。

而且，道真也一直對於自己身為「正義之人」一事，感到非常自豪。遭受莫須有的罪名、被貶到大宰府，處在這樣的困境時，身為「正義之人」的這份驕傲，就是道真內心的支柱。

「雖然現在我被逐出朝廷、貶到了大宰府，但勝利早晚有一天會到來。這是因為古今從未有邪惡之人贏過正義之人。最後一定是身為『正義之人』的我獲勝。」道真在大宰府時對自己這麼說，振奮了原本灰心喪氣的心。

放到現代來看，在公司這個小型社會裡，或許也有人被覬覦權位的競爭對手陷害、冠上莫須有的罪名，被發派到邊疆。

但是，**只要有「我是正義的」這樣的信念，就會有克服困境的勇氣**。

註1　即現今日本福岡縣太宰府市。

深信的東西，要貫徹始終

◆就算過得不順利，也絕不能轉往安逸的道路

日本明治維新的功臣、同時也是明治政府的一員——薩摩藩（現今鹿兒島縣）的西鄉隆盛，他說過下面這句話：

「**擁有正確人生態度的人，一定會有陷入困境的時候。要克服這個困境，終究只能靠著繼續貫徹正確的人生態度。**」

日本幕府末年時的西鄉隆盛深信「這才是正確的人生態度」，於是以打倒德川幕府、進行國家改革為目標。但是在日本幕府末年動盪的情勢下，著實面臨了不少次危機。

另外，西鄉隆盛在維新之後的明治政府中，也還是貫徹著自己所堅信的「正確的人生態度」，但因為捲入政治權力鬥爭的關係，於是也有多次陷入了困境。

西鄉隆盛是怎麼度過這麼多次困境的呢？靠的還是「貫徹正確的人生態度」。不過即使有著「這就是正確的人生態度」這樣的信念並不斷加以實踐，一般人一旦陷入困境時，自然還是會怯懦起來。

「我這樣真的是正確的人生態度嗎？會不會我的想法其實是錯的？」像這樣產生疑惑，對自己的人生態度失去信心。

「明明抱著正確的人生態度，卻還發生這樣悽慘的狀況，真是賠了夫人又折兵。從今開始我還是捨棄正確的人生態度、用對自己有利的方式繼續活下去吧！」有些人會這樣一百八十度大轉變，就此轉往完全相反的道路。

但是，如果真的就這樣**失去信心、轉往安逸的道路，往往就會讓自己泥足深陷**。

所以，如果你相信某種生活態度是正確的，那麼不管遭遇什麼樣的情況，都要把它貫徹到底。

累積努力，是建立自信的不二法門

◆我們要持續努力，直到產生自信為止

人生有順利的時候，也會有做什麼都不順利的時候。

順利的時候，當然不會有什麼煩惱。

但是，當事情進展不順的時候，人就會容易開始煩惱許多事。

在這個時候，有什麼能支持自己的內心呢？

「對自己有信心」是其中一種。

那麼，我們要怎樣才能得到「自信」呢？

曾活躍於日本職業棒球界的川上哲治，說過這樣的話：

「**練習、努力，再加上練習。這樣就會產生自信。**」

川上哲治是位著名的棒球選手，職業生涯中，人稱「棒球之神」。

但是，連這樣厲害的他，也曾有過低潮期。

如果一直打不出安打或全壘打，球迷的態度就會變得很冷漠。

「又被刺殺了啊！到底在搞什麼啊！」有些球迷會這樣奚落他。報紙也會針對這點大做文章。

當然川上哲治自己也曾因此感到懊惱。

在這樣的困境中，成為他內心支柱的，是這樣的自信：

「我一直以來的練習量都比別人多上好幾倍，至今累積了許許多多的努力。**因為這樣，所以我不可能一直失敗下去**。總有一天我一定又能敲出許多安打和全壘打。」

「不畏困境的人」對自己深感信心。

而這份自信，是這個人經過長時間、一點一滴努力所得來的。

不做任何努力的人，一定也無法對自己有信心。

不要理會那些無憑無據講自己壞話的人

◆不要迷失自己的志向

「我想做些對世界有貢獻的事。」

「我希望自己能把眾人的幸福放在自己的幸福前面。」

就算你懷著這樣高尚的志向，世上的人也未必會稱道。

甚至有些人會惡言相向：「你講這些冠冕堂皇的話，只是想要提高聲望而已」、「說是為了大家，其實只想著自己的利益」。

這些惡言惡語聽在自己耳裡，當事人會感到非常傷心，覺得「為什麼你們都不能理解呢？」最後甚至可能因為灰心喪氣，放棄了高尚的志向。

日本幕府末年的維新志士坂本龍馬（19世紀）曾說過一句話，在這種情況下，這句話或許可以做為你心裡的依靠：

「對我所做的事說三道四的那些人，就讓他們去說吧。我自己做的事只

有自己知道。」

「消弭無益的爭鬥，把日本改造成一個富饒的國家，讓大家都能過幸福的生活。」他有著這樣高尚的志向。

但是，當時龍馬的志向未必有很多人理解。

甚至，許多人都無憑無據地，詆毀龍馬的這份志向。

然而，龍馬說：「不需要一直去在意那些說自己壞話的人。重要的是，自己本身絕不能迷失掉自己的志向。」

也就是說，「不去理會」那些無憑無據批評自己、擾亂人心的人。

「不去理會那些擾亂自己的人」，這一點也能幫助自己成為「不畏困境的人」。

活得「問心無愧」

◆留心自己是否活得「正直且誠實」

日本幕府末年有位思想家，名叫吉田松陰。

他在長州藩（現今的山口縣）開設一間叫松下村塾的私塾，培育人才。

松陰在松下村塾培育出非常多偉大的人物，例如有討幕先驅高山晉作、之後成為明治政府要員的伊藤博文及山縣有朋等等。

然而，松陰還未完成他的抱負，就被人捉拿並送進了大牢。

罪名是主張打倒幕府。

而當時討伐幕府的時機還未成熟。

那時幕府興起名為「安政大獄」的鎮壓行動，陸續捉拿反幕府的思想家，將他們關進牢裡。

松陰在牢中這麼說過：

「雖然我現在被關進了牢裡，但也從未『活得有愧於天』。所以我絲毫不會感到恐懼、不安。」

也就是說，要是能「活得無愧於天」，即使遭遇了困境，也能讓自己在困境中內心有所依靠。

那麼，「活得無愧於天」具體來說，究竟是怎樣的呢？

松陰是這麼認為的：

- **眼裡不要只有自己的利益。**
- **活得正直且誠實。**
- **平等對待所有人。**
- **始終保有想對世界有所貢獻的這份心。**

如果日常生活中就時時留心這幾點，那麼，不論處在怎樣的困境中，都能保持平靜的心。

習慣自己的事情自己做

◆做得到的事，就不要交給別人

活得健康長壽的人，不論男女，都有一個共通點，那就是「自己的事自己做」。

比如打掃自己的房間、洗自己穿的衣服、自己煮飯吃、或是買自己的用品等等，日常生活中都習慣「自己的事自己做」。

相反的，連自己有心就做得到的事，也交給他人去做的人，往往衰老得比較快。

此外，那些習慣把事情交給別人去做的老人，對意外事故的承受度也特別低。

一發生這些意外事故，像是跌倒傷到腳、搬重的東西閃到腰等等，經常就此臥病在床、體力快速衰退，這樣的例子很多。也沒什麼心去做那些能幫助自己恢復健康的復健。

相較之下，習慣「自己的事自己做」的老人，就算發生意外事故，導致腳受傷、腰閃到，也會積極地接受復健。

因此，有許多人就此恢復了健康。

這類型的老人，從「自己的事自己做」當中，產生了這樣的自信——「**我只要有心就做得到。就算遇到困難，我也有辦法克服它。**」

從這件事當中，也能領悟一些「成為不畏困境的人」的方法。

年輕人也一樣，習慣「自己的事自己做」的人，就會有這樣的自信——「只要我有心就做得到。我有辦法克服難關。」

這樣一來，就算陷入了困境，也絕不會因此而驚慌失措，能夠拿出自信去對抗逆境。

第三章

不要勉強自己

勉強自己裝出開朗的樣子，情緒只會更加低落

◆總有一天傷口自然會復原

心理學中有個名詞叫「**反彈效應**」。

請看以下這個例子：

一位女性跟男朋友分手了，她的情緒非常低落。但是她想「不能這樣，要積極向前」，於是在親人朋友面前，都勉強自己表現出一副開朗的樣子。

她明明無法揮去悲傷的心情，卻還在別人面前逞強，裝得很有精神，說「那種人我早就不在意了。分手對我來說，根本沒有什麼大不了」。

結果，這樣勉強自己就出現了反效果，她的情緒變得比之前還要低落，甚至完全無法面對別人，乾脆把自己關在家裡，不再出門。

這就是心理學說的「反彈效應」。

「反彈」這個詞常用在減肥方面。

因為想快點瘦下來，於是就強迫自己不要吃東西，到了一個程度後，肚子餓得實在受不了了，反而會一口氣吃下很多食物。

結果，體重變得比原本還要重。

人的心理也是一樣。

情緒低落的時候、痛苦的時候、難過的時候，就算勉強自己表現出開朗的樣子，也一定會有個極限。到達這個極限時，心理上就會出現「反彈效應」，情緒反而變得比原本還要低落。

要避免發生「反彈效應」發生，就不要勉強自己擺出一副開朗的樣子，「任憑事情自然發展」是比較明智的做法。

難過的時候就去難過，痛苦的時候就去感受痛苦，只要靜待心情隨著時間的經過慢慢恢復就好。

這麼做的話，也能比較快重新站起來。

心慌之下做的判斷、行動，很容易出錯

◆在下判斷、行動前，先深呼吸

當人在焦急、慌張的時候，常會「想不起重要的事」，有時候，就因為這樣而鑄下大錯。

例如說，當工作發生突發狀況的時候，就會感到很焦急，想著「這一定要快點處理才行」，慌慌張張地尋找對策。但事後卻開始後悔，「我那個時候要是找那個人商量的話，他一定會給我一些很有幫助的建議，為什麼那時候都沒想到呢」、「那個時候明明要用這種方法才對，但是因為驚慌失措的關係，竟然完全沒有想到」，這樣的經驗每個人應該都曾有過。

心理學把這種心理狀態稱為**「不用心（mindless）」**。

也就是指「沒有用心的狀態」。跟原本相較之下，腦子很明顯變得不太

會浮現重要的事、怎麼想也很難想到重要的事。

我們常會說「腦袋變得一片空白」，指的就是陷入「不用心」的狀態。

當我們陷入「不用心」的狀態時，是想不出所謂「最佳對策」的。

而且，處於「不用心」的狀態之下所做出的判斷與行動，反而很容易讓狀況更加惡化。

「不用心」的反義詞是「用心（mindful）」。

這是「心靈滿足的狀態」的意思，指的是能做出最正確判斷、最適當行動的心理狀態。

要進入「用心」的心理狀態，並不是多麼困難的事。

只要在心中慢慢從十數到一，冷靜一下情緒，反覆地深呼吸，閉上眼睛沉思一下，讓心平靜下來就好了。

驚慌失措的時候，這個方法值得一試。

遵從天命，別以為自己微不足道

◆「考慮自己」之前，要先「考慮別人」

日本江戶時代後期有一位學者，同時也身為政府機構的官吏，名叫大鹽平八郎（18～19世紀）。

當時全日本正陷入困境。

農村由於飢荒的關係，導致收穫量減少，農民沒有食物吃，餓死的人越來越多。

另外，因為米價上漲，所以住在城市的人民也陷入了困苦的生活中。

大鹽平八郎為了要拯救那些處在逆境中的人民，於是發起了行動。

他講過這樣的話：

「**如果心如『太虛』，行動就會變得強而有力。**」

「太虛」這個詞有各種不同的意思，以下用較容易理解的方式來說明。

人一旦處於逆境，思考方式就容易變得自我中心。

「再這樣下去，我的處境會很危險」、「這樣大家對我的印象會變差」。

「太虛」的意思是，「捨棄這些無聊又微不足道的想法，要讓心胸更加寬大」。

「**不要只站在自己的立場、只想到自己的利益，更應該要想『上天現在要我做的是什麼』**」，「太虛」有著這樣的意思。

大鹽平八郎認為，當心處於「太虛」這樣的狀態，就會產生強大的力量，藉此就能突破困境。

大鹽平八郎確實是拋下了一己之私，遵從天命，為那些活在痛苦中的人們發起了行動。

「太虛」的思考方式，能幫助我們成為「不畏困境的人」。

「不畏困境的人」有六個共通點

◆有堅強的心智，發生什麼事都能沉著應對

勝海舟（19世紀）這位日本歷史人物，幕府末年時在江戶幕府擔任官吏，表現得相當活躍，也在維新後的明治政府扮演了重要角色。

西鄉隆盛在京都鳥羽伏見之戰中，擊敗幕府軍，挾著排山倒海的氣勢，才一眨眼的功夫就抵達了江戶。這時江戶已是窮途末路。

這時，代表德川幕府與西鄉隆盛交涉、成功讓江戶免受戰爭洗禮的人，就是勝海舟。

以下是勝海舟的「人生領悟」：

「計畫自己人生的時候，不能只想到自己的利益。

與人相處的時候，不要忘記溫柔與體貼。

安穩的日子裡，要保持純淨的心靈。

出問題的時候，要有解決問題的魄力。
事情進展順利的時候，要保持謙虛。
事情進展不順利的時候，不會心神不寧，始終沉著以對。」

我認為這些話能幫助人「增加對逆境的承受度」。
只想著要維護自己利益的人，無法變成不畏困境的人。
平時很固執、總是找別人麻煩的人，真的遇到問題時，都幫不上忙。
總是要小聰明、小手段的人，遇到困境就只會逃避。
不畏困境的人，到了關鍵時刻，就會發揮出強大的行動力。
不畏困境的人，就算成功，也絕不會趾高氣昂、態度傲慢。
而就算發生大問題，也絲毫不會慌張，始終沉著以對，有著一顆強大的心臟。

「魔法按鈕」能消除心中的負面情緒

◆學著隨心所欲轉換自己的情緒

日本有位小說家，名叫尾崎一雄（19～20世紀）。

大正時期，他在二十幾歲時成為小說家，相當受到注目，然而，他天生身體就不好，成年後仍然體弱多病。

經常因為生病的關係，長時間不能寫小說。

由此看來，尾崎一雄的人生，可以說是常常遭遇困境。

他說過這樣的話：

「我雖然生著病，卻還是活到了現在。這都是因為，在我心裡有個按鈕，一按就可以立刻改變心情。」

不只是尾崎一雄，任何人生重病時，都一樣會憂心忡忡。

而因為生病的關係，不得不停止工作時，會感到很悲觀，覺得「我想做的事還堆積如山，難道就這樣再也無法實現了嗎」。當然，經濟方面也會讓人很擔心。

但是，尾崎一雄有個「心靈的按鈕」，能夠消去這些不安、悲觀、擔憂的情緒。

只要按下這個「心靈的按鈕」，很不可思議地，內心就會變得很平靜。

這件事沒有科學的根據。

尾崎一雄說：「**要深信自己心中有個能夠轉換心情的按鈕。**」

還有，「只要深信按下這個按鈕就能消去負面情緒的話，就不會被這些負面情緒弄到抓狂了」。

只要深信自己心中也有個這樣魔法般的「心靈的按鈕」，就一定可以在心中找到它。只要自己這麼深信就可以了。

用「安慰劑」巧妙地轉換心情

◆好的信念可以拯救自己！

心理學有個名詞叫「**安慰劑效果**」。

在日語中，則稱為「**偽藥效果**」。

在一個實驗中，醫生對病人說「這種藥對你的病很有效」，而讓病人吃了一種藥。

實際上，那種藥完全沒有那樣的效果。

但是，病人卻深深相信醫生說的「很有效」。

結果，病人的病就好了。

雖然是「無效藥」，但是因為病人自己深信「很有效」，所以病真的就好了。

這就是「安慰劑效果」、「偽藥效果」。

這也表示，「信念」可以對人發揮強大的影響力。

這個「安慰劑效果」，可以對陷在困境中的人有所幫助。

假設，現在深信心中「有個能轉換心情的按鈕」。

深信，只要按下這個按鈕，「就能消去絕望、悲觀等等負面的心情，恢復正向思考」。

能夠就此深信那個按鈕存在的人，在身處逆境、感到痛苦時，肯定可以將自己從這樣痛苦的情緒中解救出來。

這也是廣義的「安慰劑效果」。

「**雖然我現在處在困境中，但是我每天都有去神社參拜，所以一定沒有問題的，肯定不久就能脫離困境了**」、「我有護身符，一定會沒事的！」像這樣，也是廣義的「安慰劑效果」。

像這樣抱持著幾個好的信念，就能幫助自己變得不畏困境。

心不能依賴「自動駕駛」，要靠「手動操控」

◆把「不好的信念」轉成「好的信念」

當一個人深陷困境時，「擁有好的信念」可以助其脫離困境。

但是，我們要知道，信念是有分「好的」跟「壞的」。事實上，在人生不順利的時候，比較容易出現的往往是「壞的信念」。

例如說，早上穿襯衫的時候，上面的一顆鈕釦掉了。

這原本單純只是「鈕釦掉了」這樣一件簡單的事，但是在這之後，卻深信「這一定是有壞事要發生的預兆。」到了公司，工作進行得不順利，於是又更相信一定是有什麼壞事將要發生。「不對，一定是我今天就要被炒魷魚了」——有些人會像這樣，腦中不停地浮現出「壞的信念」。

發生了一些不好的事件後，像這樣一直不斷產生「壞的信念」，對於這樣的情況，心理學稱為「**自動駕駛**」。

「自動駕駛」原本是指飛機自動操控飛行。而「壞的信念」就像飛機自動飛行指令一樣，也自動地一個接一個冒出來，因此心理學把這樣的情況稱為「自動駕駛」。

當心理出現「自動駕駛」的情形時，處理方式就是**將自動駕駛改為手動操控**。也就是說，不要任由心靈自動運作，而是要**依自己的意思去操控自己的心**。

如果任憑心靈自動運作，當遇到「鈕釦掉了。這一定是壞事要發生的預兆！」就會像這樣不斷地產生「壞的信念」。因此，應該要**故意去想「鈕釦掉了。這一定是有好事要發生的預兆」**。

出現「壞的信念」的時候，要訓練自己把它轉成「好的信念」，藉著這樣不斷地練習，就能避免自己的心掉進「自動駕駛」的泥淖。

人的心情每天都不停地在改變

◆相信「困境是給自己的磨鍊」

人的心情是會隨著每天外在環境變化，而不停改變的。有個心理實驗是這樣的：

在一個晴朗的日子，實驗人員問許多人「你幸福嗎？你對你的人生感到滿意嗎？」並在下雨的日子也問了相同的問題。

結果，晴天時很多人回答「很幸福。很滿意。」，但雨天回答「不幸福。不滿意。」的人卻比較多。

這個實驗是在告訴我們，人的心情有多麼容易受到環境影響。

換句話說，就算一個人都維持同樣的生活水準，也會單單因為下雨就因此感到心情沉重，覺得自己的人生過得很糟；相反的，也會光只是因為天氣晴朗，心情就跟著變好，能夠正向思考、覺得自己的人生過得很好。

這邊的重點在於，就算外在環境產生變化，只要藉由改變自己的思考方式，就能自己控制「心情」。

這個訣竅就是，轉而去想「下雨天的好處」。例如說，「最近皮膚乾燥讓我很煩惱，下雨的話皮膚就水潤多了，真是太棒了」，如果能這麼想的話，那麼就算在雨天時，也可以對自己的人生感到「很幸福。很滿意」。

人生的困境也是如此。在困境中，**「這件痛苦的事能帶給我磨鍊。這個痛苦的經驗，能讓我更加成長」**要是能夠這麼想，那麼不管在什麼狀態下，都能夠「活得開心」。

心情好的話，就會有幹勁，能夠繼續奮鬥下去。

「不畏困境的人」總是可以控制「自己的心情」。

再大的悲傷，都會隨著時間流逝而平復

◆只要還有呼吸，就要好好地活下去

在我們的人生中，難免會遇到雙親、情人或伙伴要永遠離開我們的時候。在這種時候，人就會感到非常地悲傷。

有些人甚至會對自己的人生感到絕望，覺得「這份傷痛一輩子都無法復原了。我好想死。」

人一絕望，就會變得無法正常判斷事物。

有些人會覺得「我沒有未來」，對所有事物都失去幹勁。

也有人會開始產生自殺的念頭，覺得「我的人生已經完了」。

古羅馬哲學家西賽羅（西元前2～1世紀）說過這樣的話：

「不管怎樣的悲傷，都會隨著時間經過而淡化、平復。」

一如往常過日子，不要想太多，占據心中的悲傷就會隨著「時間的經過」變得越來越小。

而且，隨著「時間的經過」，又能對自己的人生重新燃起希望。

西賽羅是這樣的意思——

只要還活在這世上，就會有許多快樂開心的事等著自己。

會有許多能給我們勇氣、讓我們能夠堅強活下去的事物。

也會有無數次找回幸福生活的機會。

但是，當所愛之人離開自己，因此陷入深沉絕望的時候，就不會相信未來的人生還會有許多美好的事物。

在這種時候，千萬不要急著認定「自己的人生已經完了」。

只要自己還擁有生命，就要好好珍惜，拼命活下去。

這樣一來悲傷就會隨著「時間的經過」而平復，並且了解到自己的人生還有著許多希望。

感到絕望時，需要能拯救自己的樂觀

◆平靜生活會讓心情輕鬆

有位活躍於日本大正時期到昭和初期的政治人物，名叫高橋是清。

他擔任過大藏大臣[1]及總理大臣這些要職。

可是高橋是清在年輕的時候，曾過著非常艱苦的生活。

他十幾歲時到美國留學，卻被寄宿家庭的屋主欺騙，被賣到一個經營葡萄園的人那裡。

在那個葡萄園裡，他像奴隸一樣被人任意使喚。

在這段時間裡，他努力學會了英文，一年之後總算回到了日本。

但是，在日本也很難找到工作。

因此他非常貧窮，連買米的錢都不夠。

在這樣災難不斷的日子裡，高橋是清將《新約聖經》中的一句話作為他心靈的支柱。

那句話是——

「神都不會讓飛在天上的小鳥餓肚子了，更別說會讓人飢餓了。」

高橋是清只要一想到這句話，心裡就會感到舒暢，「即使我就算像奴隸一樣被人任意使喚、就算沒有錢，我也不會餓死的。只要不斷努力，過不久事情應該就會解決了」，仍然能夠這樣樂觀地思考。

人在陷入困境、遭遇到悲慘事情的時候，總是很容易陷入絕望之中。

「樂觀思考」能夠把一個人從絕望之中拯救出來。

不去鑽牛角尖，讓心情輕鬆，好好去做自己現在該做的事，這樣就好。

持續不斷努力，總有一天道路一定會為之敞開。

光明的未來肯定會到來。

註1　日本財政機關的最高官職名稱。

第四章

直到最後一刻
都要相信還有可能

深信自己，就不怕困境

◆不斷用話語來鼓勵自己

「我沒有信心能夠達成目標。」
「我很沒用。總是給身邊的人添麻煩。」
「我在社會上一點用處都沒有。」

這些是「對困境承受度較低的人」典型的思考方式。容易否定自己。

這樣的人一旦遇到一些不好的事，就會更加否定自己。然後，只是一味地灰心喪氣，是無法克服困境的。

「對困境承受度較高的人」，思考方式正好完全相反。

「我有信心能夠達成目標。」
「我是有用的人，總是能幫到身邊的人。」

「我對這社會有很大的貢獻。」

相信自己的能力，深信自己是個有用的人。這種情形，心理學稱為**「自我效能感」**。

提高「自我效能感」，對於克服困境有很大的幫助。

做什麼都不成功的時候、事情無法一如預期的時候，人就容易對自己喪失信心。

但是，不就此退縮，並提高「自我效能感」的話，就能度過這個難關。

提升「自我效能感」的一個方法，是「用話語來鼓勵自己」。

「你真是太了不起了。沒有其他人像你一樣這麼厲害」、**「我才不會這樣就灰心喪氣」**，**像這樣自己鼓勵自己**。

自己為自己打打氣、不斷地鼓勵自己，就會提高「自我效能感」。

想像自己成功，就能產生克服困境的力量

◆想像自己幫了大家、接受大家祝賀的情景

「不畏困境的人」，也可以說是「很會鼓舞自己的人」。總是習慣用很多方式來「激勵自己」。

那麼，有哪些鼓勵自己的方法呢？如下：

①用話語來激勵自己

②用想像來激勵自己

雖然一樣都是「激勵自己」，但也分成這兩個不同的方法。「不畏困境的人」，會在日常生活中交錯使用這兩種方法。

「用話語來激勵自己」，是像這樣對自己說——

「我一定做得到。加油！」

「我有這個能力。千萬別認輸！」

還有就是，當周圍的人鼓勵自己說「你其實有才能，只要好好把它發揮出來就好了」、「你很有毅力，要對自己多一點信心」的時候，就要好好聽進去，這將會讓自己更有勇氣克服困境。

「不畏困境的人」會吸收這些自己給予自己的「話語的力量」，和來自別人的「話語的力量」，將這些力量轉變成活得堅強的力量。

「用想像來激勵自己」，則是去「想像美好的未來」。

想像**「自己克服困難、受到大家祝賀的情景」**、**「自己的工作成果對大家很有幫助，大家都非常開心的情景」**，就能讓自己受到鼓舞，產生「我不能灰心喪氣，再繼續加油吧！」的想法。

用別人活躍的樣子來激勵自己

◆藉他人的活躍來刺激自己、化為前進的動力

有些人看到那些「活躍的人」，就會產生忌妒的心情，覺得「明明我過得那麼辛苦，那個人卻那麼成功，實在太可惡了」。

另外，也有人會變得更沒自信，覺得「那個人真是厲害，跟他比起來我做什麼都不行，我實在好失敗。」

以上這兩種都算不上是「不畏困境的人」。

或者可以說，「忌妒」和「沒自信」，更會使他們永遠無法脫離「過得很辛苦」、「什麼都不行」的狀況。

「不畏困境的人」，看到「活躍的人」並不會產生「忌妒」的心情。也不會把自己跟「其他活躍的人」作比較，並因此而失去自信。

「不畏困境的人」不會像他們這樣做，而是在看到「活躍的人」的時

候，藉此來激勵自己。

「看到那個人這麼活躍，我也感到很開心，而且也產生幹勁了。」

「看到那個人表現這麼出色，我也受到很大的刺激。雖然現在我處在困境中，但是我得快點脫離這困境才行。」

「不畏困境的人」會像這樣思考，用別人的活躍來激勵自己。

這樣的心理效應，心理學上稱為「由他人刺激所產生的激勵」。

而「不畏困境的人」，很會運用這種「由他人刺激所產生的激勵」的心理效應。

這個「他人」，可以是自己認識的人，也可以是「各界成功人士」等等素昧平生的人。

當我們在書中或電視上看到那些活躍的「素不相識的人」，而覺得「我也要加油」時，也是一種「由他人刺激所產生的激勵」心理效應。

有些人在努力之前就先放棄了

◆但在放棄之前先努力看看

身處逆境的時候，有些人會想「只要好好努力，就能克服難關，我絕對會越挫越勇」。而也有些人會想「再怎麼努力也只是徒勞無功，我實在沒什麼力量」，就這樣乾脆地放棄。

想當然的，相信自己能力的人，真的就能夠克服難關、往前邁進。但是，對自己能力沒有信心的人，會無法克服難關，就這樣一蹶不振。

這裡的重點在於，那些對自己沒有信心的人，都還沒做出任何努力，就乾脆地放棄，認為「這只是徒勞無功」。

心理學把這種心理傾向稱為「無力感」。

這是指在遇到困難時，還沒挑戰就先放棄了，覺得「這只是徒勞無功」、「我實在沒什麼力量」。

個性上容易有「無力感」的人，對困境的承受度就比較差。因為，有時候其實只要做些努力就能克服困境，但這種人在努力之前就先放棄了。

有這麼一個故事，名叫「**小象喬治的鎖鏈**」。

有一隻小象，名叫喬治，牠剛被帶到馬戲團時，拼命想要逃走。但是，牠的腳被鎖鏈鎖住了，沒辦法逃跑，於是最後小象就打消逃走的念頭了。

過了不久，小象長成了大象，力氣已經大到可以掙脫鎖鏈，可是，因為牠小時候被灌輸的那份「無力感」——也就是「這只是徒勞無功」、「我實在沒什麼力量」這樣的思想，使牠現在也不會設法逃跑了。

在困境當中，容易有「這只是徒勞無功」、「我實在沒什麼力量」這種膽怯想法的人，或許也是因為在不知不覺間，被灌輸了那樣的「無力感」。

首先，要先試著自己努力看看。這樣一來，往往會發現「克服困境比想像中還要簡單」。

只要還有一絲可能，就要絞盡腦汁

◆就算失去了重要的東西，也不表示就此完蛋

法國有句諺語：「**就算斧頭沒了刃部，也不可以把斧柄給丟掉。**」

這句諺語隱含著「就算一件事失敗了，還是可能有其他的解決方法，所以不要簡單就放棄」的意思。

斧頭要是沒了刃部，不管是要砍樹還是劈柴都沒辦法，因為已經失去斧頭的功用了。

但是，也不能因此就把斧柄給丟了。「丟掉斧柄」指的就是「徹底將事情放棄」。

或許還有什麼辦法，能再次把刃部嵌回斧柄。

或者，光是斧柄也能發揮什麼用處也說不定。

總之，這個諺語想要告訴我們「就算斧頭沒了刃部、陷入了這樣糟糕的狀態中，也不要輕易就將事情放棄。想想辦法，或許就能夠打破僵局。只要還有一絲可能，就要繼續努力尋找辦法」。

遭遇人生的困境時，也是一樣。

例如說，有時候可能會因為一些突如其來的意外，而面臨「失去財產」的狀況。或者也有可能是「失去地位」，失去至今一步步建立起的地位。也有可能是「失去伙伴」，失去一直依賴至今的伙伴。

自己有可能因此而陷入困境。

但是，就算失去了重要的東西，也不表示就此完蛋了。即使沒了財產、地位、伙伴，也要絞盡腦汁想辦法，**「有沒有其他方法，可以脫離眼前這個困境呢？」**只要還有一絲可能，就不該放棄。

只要認真想想辦法，就一定能找到解決方法的。

意志消沉的時候，凡事都很容易放棄

◆重振低落的情緒

「一個人情緒低落的時候，凡事都很容易放棄。」

以下是一位女性自述發生的事情：

「那天從一早開始，工作就出很多狀況，接到客戶的抱怨、還被主管罵，過得非常悽慘。

我情緒很低落，壓力大得不得了。

接著，回到家後，男朋友打電話來。

電話中，我們因為小事吵了起來。

我講的一句話讓男朋友很生氣，還把我電話給掛了。」

在這個案例的情況下，人們「意志消沉的時候」，往往就會立刻打消跟對方和好的念頭。

「就算我再打過去，他應該也不會原諒我」、「就算我去道歉也沒用，已經不能和好了」，就會容易這樣想。

實際上，只要再打過去道個歉，可能立刻就能和好了。但是，在這種「意志消沉的時候」，常常就會無法像這樣正向思考，變得很容易放棄。

要解決這種情況，並不是多困難的事。

只要試試一些能重振精神的方法就好了。

洗個澡、喝個飲料，或是好好睡一晚，重振精神。

這麼做的話，就能恢復正常的思考方式，覺得「要是因為這點無聊小事就分手的話，實在很愚蠢」。

低落的情緒如果這樣一直拖下去，就無法做出正常的判斷，也不會對未來抱有希望，最後讓事情以失敗告終。

體力不好，意志力也會薄弱

◆注意健康管理，養成適度運動的習慣

人類有一種能力，現在相當受到心理學者的注意。

那是一種稱為**「韌性」**的能力。

它有「復原力」、「回復力」的意思。

這指的是，當人陷入困境中，感到灰心喪志、很痛苦的時候，藉以脫離其中的意志力。人生中大部分的事情，都可以靠意志力來克服。

不管陷入多麼大的困境裡，只要具備著堅強的意志力，終究能脫離其中，重新回歸充滿朝氣的生活。

因此，想要活得堅強，就必須具有「韌性」。

關於增強「韌性」的方法，心理學作了各式各樣的研究。

其中，有報告顯示**「養成適度運動的習慣、培養體力，可以增強韌性」**。

古羅馬有句諺語：「健全的心智寓於健康的身體。」

日常生活中會注意健康管理、有適度運動的習慣，維持良好體力的人，意志力也會跟著強化。

也就是說，能夠保持「健全的韌性」。

這樣一來，就算遭遇困境，也不會迷失自己、變得灰心喪氣。

不會因此失去希望，能夠積極地克服難關。

換句話說，如果一直過著不健康的生活、沒有體力，那麼「韌性」就會比較差。

如此一來，一旦跌倒的話，就很難再重新站起來。

想要增強克服逆境的能力，其中一個方法，就是保持良好的體力。

處在逆境，也不要失去尊嚴

◆挺起胸膛，活得光明磊落

日本明治、大正年間有位政治人物，名叫後藤新平（19～20世紀）。

大正12年——1923年發生關東大地震，東京遭到毀滅性的破壞。

政府為此成立東京災後重建委員會，而負責人就是這位後藤新平。

這麼說起來，當東京這座城市陷入困境中時，就是這位後藤新平在設法拯救東京的。

後藤新平說過這樣的話：

「**就算穿著舊木屐上街，也要走得坦坦蕩蕩。即使穿著破破爛爛的衣服，也要挺起胸膛走路。**」

後藤新平的「走得坦坦蕩蕩」、「挺起胸膛走路」，是要告訴我們「不管日子過得再怎麼苦，都不能失去人的尊嚴」。

關東大地震發生後，許多東京民眾房子被燒掉，無家可歸，真的到處都是穿著舊木屐跟破破爛爛衣服的人。

但是，後藤新平告訴我們「在這樣的困境中，更不應該垂頭喪氣、愁眉苦臉，應該要充滿尊嚴、抬頭挺胸走下去」。

身處困境仍不失自尊，能幫助人堅強地克服困境。

當人陷入困境時，容易變得怯懦、失去自尊。

「我很沒用，一定沒辦法克服眼前這個困境的」，人在困境中容易像這樣輕視自己。

但是，這樣是無法產生克服困境的力量的。

有自尊，才會有「在困境中存活下來的力量」。

「自滿」會被挫折打敗，「自尊」會克服挫折

◆接納所有跟自己相關的人事物

想要克服困境，很重要的一點就是要「帶著驕傲」。

日本明治時期，有位做過官僚、政治人物、記者、報社社長等等許多不同工作的人物，他的名字叫矢野龍溪（19～20世紀）。

這位矢野龍溪講過這樣的話：

「**尊嚴才是一個人的生命。**」

這個意思是說，「尊嚴會化為生命力。只要帶著驕傲，不管人生有多少苦難，都可以堅強地活下去」。

只是，這個「帶著驕傲」並不只是對自己的能力而言。

也包括對自己的工作。

也包括對自己工作的公司。

「工作上的同事，每個都好優秀」，也包括對自己的同事。

「我有好棒的家人」，也包括對自己的家人。

「我的朋友每個人都好有特色」，也包括對自己的朋友。

就像這樣，一個人「帶著驕傲」，是由所有跟自己相關的人事物所集結而成的。

「那麼無聊的工作，根本就做不下去！」、「同事全都蠢得要命！」，像這樣，如果光只是對自己的能力感到驕傲，瞧不起自己的工作和周遭的人的話，並不是真正的「自尊」，而是「自滿」。

光只有自滿，是無法產生克服困境的力量的。

甚至應該說，自滿反而會讓人被逆境打敗。

肯定所有跟自己相關的人事物，並且引以為豪，這份「引以為豪」就能發揮強大的力量。

把崇拜的人當自己的「角色楷模」，以得到勇氣與自信

◆學習自己崇拜對象的工作方式或思考方式

日本戰國時代有位武將，名叫上杉謙信。

雖然他最後突然暴斃而死，壯志未酬，未能親手平定天下，但有人認為他是戰國最強的武將。

而這位上杉謙信篤信**毘沙門天**，祭壇供奉的毘沙門天，他每天都會去拜，而且，他還相信自己就是毘沙門天的轉世。

「毘沙門天」是佛教裡的一個神，護法四大天王之一，也是四大天王中最強的武神，受人敬仰。

謙信崇拜這位強大的武神毘沙門天，自詡為毘沙門天的化身，藉此而得到上戰場的勇氣與自信。

並且，在戰場上遇到各式各樣的困境時，就因為他相信「我是毘沙門天的化身，不可能這樣就輸掉」，才得以殺出重圍。

「我想變成〇〇」，像這樣有個自己崇拜的對象，並發揮出那個對象所擁有的能力，藉此而活得充滿勇氣與自信，這樣的情況心理學叫做「**角色楷模**」，用口語來說就是「**在扮演一個角色時，用來當做參考的模範**」。

活用「角色楷模」的心理效應，也就可以幫助自己成為「不畏困境的人」。

如果是商務人士的話，就找出一個崇拜的對象，一個會讓自己覺得「我想變成像〇〇那樣有本事的商務人士」的對象。

然後，**採用那個崇拜對象的工作方式或思考方式，就能因此而得到勇氣與自信**。

第五章

別讓情緒控制了你

越叫自己不要難過，就越是會想起難過的事

◆投入到別的事情上，轉換心情

心理學中有一種心理傾向，被稱為「**諷刺效應**」（ironic effect）。就是指「如果心裡一直想著『不可以想』，反而就會一直去想」這樣的心理。

曾有個這樣的心理實驗：

研究人員要求受試者：「接下來這五分鐘都不要想白熊的事情，其他要想什麼都可以。」。

受試者乖乖照做，心想「都不要想白熊的事」。

但是很諷刺的是，很多受試者越是強烈地去想「不要想」，就越是會「淨想著白熊的事」。

因此這種心理傾向就稱為「諷刺效應」。

這種現象，也常發生在日常生活中。

假設，現在有件事失敗了，你因此而陷入自我厭惡的情緒中，情緒非常地低落。

在這個情況下，心想「我不能一直這樣意志消沉下去，不要再想失敗的事了，積極往前邁進吧」。

可是諷刺的是，當自己深深想著「不要想失敗的事」，反而就會——

「為什麼我會出那種錯呢？我真是太愚蠢了！」

「都因為那時候判斷錯誤才會失敗的。我怎麼會那麼笨啊！」

於是又會回想起失敗的事，產生越來越多負面情緒。

脫離「諷刺效應」的方法，就是「投入到別的事情上，把腦袋放空」。

做做運動、唱唱ＫＴＶ等等，投入到自己的嗜好當中，腦中「關於失敗的記憶」就會消散。

這麼一來，就會重新打起精神，又能積極向前邁進了。

「適度的擔心」可以，「害怕」就不行

◆當心不要自己嚇自己

昭和時期的小說家三島由紀夫（20世紀），曾經說過這樣的話。

「擔心並不是一種不健康的情緒，但『害怕』就是一種不健康、病態的狀態。」

「擔心」本身是一種人類自然的情緒，並沒有特別不好。

當人生中有什麼不如意的時候，彷彿道路被巨大的牆壁堵住，在這完全無法行動的時候，任誰都會對自己的未來感到擔憂。

只是，這份「擔心」的強烈程度，人人不盡相同。

如果是適度的「擔心」，那反而能帶來正面效果，幫助人提振精神、開發潛能。

但是，**如果這份「擔心」的情緒太過強烈，變成了「恐懼」，就會給心理帶來不好的影響**。

也就是說，想法會變成「我的人生再這樣下去就要完蛋了。我會失去地位、財產還有家人，流落街頭。完蛋了！怎麼辦」。

要是想法變成這樣的狀態，我們的內心就會充滿擔心、害怕，完全想不出任何方法來克服人生的困境。

這樣就只是被擔憂的情緒牽著走，想不到任何有效的辦法。

而且，還會失去行動力。

完全茫然不知所措，只是眼睜睜地在一旁看著。

這就是三島由紀夫所說的「不健康、病態」的狀態。

可以有適度的擔心，但要好好控制這份情緒，不要讓它變得太過強烈。

憤怒讓人看不清未來

◆別生氣，冷靜思考將來

在陷入困境的時候，要好好留意**「憤怒」**的情緒。

如果困境是自己造成的，那還說得過去，但有時候完全不是自己的錯。

例如說，由於公司營運不佳，於是自己被解雇了。

在這個情況下，有些人會非常地憤怒，覺得「我明明那麼認真的工作，為什麼會被解雇啊？公司營運不佳不是老闆的問題嗎？我什麼錯都沒有，怎麼會受到這種待遇！」

被解雇確實是很令人氣憤沒錯。

但是，**如果一直困在憤怒的情緒中、無法自拔，就會對往後的人生產生不良的影響**。

心理學有著這樣的調查。

被公司解雇時，有一類人對公司感到十分氣憤，另一類人相對之下冷靜接受了這個事實。接著又調查他們後續採取的行動。

結果，相對之下冷靜接受事實的人，很快就開始去找新工作了。

因此，這些人也很快地找到新工作，恢復了安穩的生活。

而那些十分氣憤的人，就只是一直在抱怨、說前東家的壞話，不太去著手找新工作。

於是，這些人持續了很久沒收入的日子，生活變得更加窮困。

就算受怒氣擺布、對前東家放聲叫罵，也不會因此就找到下一份工作。

在這種情況中，**再怎麼憤怒也不會有任何好處**。冷靜思考自己往後的路該怎麼走，才是明智的做法。

困境使人成長

◆痛苦的經歷對自己的人生是有幫助的

18～19世紀德國有位著名的劇作家、詩人，名叫席勒。

席勒所寫的第一部劇本是《強盜》。

這部作品受到了民眾熱烈支持，但由於內容批評了當時的政治，於是席勒被逮捕並送入了牢房。

之後，他雖然獲得了釋放，卻被禁止從事一切創作活動。

而且，始終被警察監視著。

連自由活動都不被允許。

席勒無法接受，於是逃亡到了國外。

一直到大約一年後，總算才又回到自己的國家。

對席勒來說，這段時期實在是人生的困境。

之後，席勒說了這樣的話：

「人類只有在不幸的時候，才真正能夠有所成長。」

身處困境時，人會奮力掙扎，以求早日脫離困境。

在那個當下，只會專注在眼前的事情上、拼命努力，並不會注意到自己有什麼成長。

等到脫離困境之後，再回想起當時痛苦的情景，就會發現「困境讓我在很多方面有所成長，帶給我各式各樣的人生智慧，也讓我心理上變得更加堅強，還因此認識了許多人」。

就這樣看來，「遭遇困境」並不是什麼壞事。

對自己的人生來說，是很有意義的事。

現在正在困境中、痛苦不已的那些人，如果能夠相信**「這個痛苦的經歷，會讓我更加成長」**的話，就會更有勇氣去面對眼前的困境。

相信「黑夜終將結束，黎明即將到來」

◆只要懷著希望，就有克服困境的勇氣

日本昭和時期有位擅長寫歷史小說的作家，名叫吉川英治（19～20世紀）。

在吉川英治小的時候，父親經商失敗，從此過著貧困的生活。雖然進了相當於現在高中等級的學校就讀，卻因為付不起學費而退學，在這之後，就在橫濱港做些體力勞動的工作。

然而，他在那裡發生意外，受了重傷。

之後他還曾被首飾工匠收為弟子，也陸陸續續做過許多不同的工作，但是仍無法脫離貧困的生活。

「我想做個成功的小說家。」他有這樣一個夢想，而在這樣貧窮的生活中，他不斷孜孜矻矻地寫小說，再投到報社及出版社，參加新人的徵選。

工作完都已經筋疲力竭了，回到家後卻還要繼續寫小說，當時的吉川英治過著非常艱苦的日子。

不管怎麼工作，都還是無法提升生活水準，對此他也曾感到氣餒過。

但是，吉川英治還是撐了下來。

然後，他說了這樣的話：

「好！這次我也要漂亮地戰勝逆境。因為黑夜終將結束，早晨終將到來。」

這句話裡的「黑夜」指的是「艱苦的時期」。

「早晨」則是「充滿希望的光明未來」。

艱苦的時期，不會永遠持續下去。

只要戰勝逆境的話，充滿希望的光明未來就一定會到來。

當理解到這點、懷抱希望以後，就會得到「戰勝逆境」的勇氣。痛苦也會因此減輕。

吉川英治講的，就是這樣的意思。

擴展視野，是困境所帶來的另一個好處

◆總之先找人商量看看吧

遇到困難後，「對困境承受度較低的人」立刻就會感到灰心喪氣，這種人的特徵之一，就是「視野狹窄」。

才一陷入困境，就被負面情緒牽著走。

「好痛苦」、「好難受」、「真討厭」、「真悽慘」、「我真是沒用」、「沒有人像我這麼愚蠢」心中滿是像這樣的情緒。

視野狹窄的人，容易困在這樣的負面想法中，因此無法脫離這些負面的情緒。

像這樣的時候，就要用更開闊的視野，重新看看現在自己所發生的事。

如果有開闊的視野，就會明白困境還帶有著別的意義。

諸如**「困境可以讓我們學習到各式各樣的知識及技術，而這些知識及技術一定會對將來產生幫助」、「遇到困境之後，我才清楚明白，對我來說誰才是真正重要的人」**。

而在陷入困境時，如果想要將狹窄的視野擴展開來，一個很好的辦法就是**「找人商量」**。

就算找人商量了，對方給的建議也未必能像施魔法一樣，立刻就把事情解決。

但是，卻很可能因為對方提到的一兩句話，讓自己察覺到至今自己都沒發現的事。例如像這樣的意見：

「你現在碰到的這些事是很寶貴的經驗耶。」

「你可以把這些不好的經驗記錄在筆記本上啊，這樣或許對將來會有幫助喔。」

有可能就因為這些意見，而開拓了自己的視野，並跳脫出負面的情緒。

動物可以有「嫌惡反應」，但人不行

◆具備處理嫌惡情緒的能力

動物行為學有個詞叫「嫌惡反應」。

意思是「當動物做某件事而產生嫌惡的情緒後，牠會為了不要再次感到嫌惡，於是避免採取同樣的行動」。

假設，現在有一隻貓溜進一戶人家的院子。

結果，牠遇到那戶人家飼養的貓，臉被那隻貓抓了。

因此，這隻貓學到「那戶人家的院子裡，有隻比自己強的貓，所以要是到那裡去，就會受傷」，之後就再也不會接近那座庭院。

這就叫做「嫌惡反應」。

人也是動物的一種，當然也有這種「嫌惡反應」。

例如在職場上，工作上出現了一點疏失，主管就大聲斥責，因此自己會感到很不開心、嫌惡。經過了這件事之後，自然而然地就會產生「我很怕又會被他罵，所以不想走近那位主管身邊」、「一想到工作上還要一直面對那個脾氣暴躁的主管，我就好不想去公司」這樣的心情。

這就是人類產生「嫌惡反應」的例子。

只是，人類就算覺得「我很怕又會被主管罵」，也不能一直避開主管。就算覺得「不想看到主管」，也還是得去公司上班。

如果就這樣一直避開主管，只會讓主管越來越討厭自己，自己將在職場上陷入困境。

如果不去上班的話，就會被公司開除，人生將淪落到流落街頭的地步。

人類就算發生不開心、嫌惡的事，也不能一味地避開，應該要好好處理這份不開心、嫌惡的情緒。

換句話說，「不畏困境的人」都有很好的情緒處理能力。

找出一套自己處理壞心情的方法

◆用「喜歡的事」和「適度的運動」來重振精神

一個人每天都會發生許多的「不愉快的事」。

在職場上，可能接到奧客的投訴電話，使得自己心情變得非常差。

可能是被朋友挖苦，因此感到很不愉快。

遇到這些不愉快的事，人就會產生「公司電話響了也不想接」、「不想再見到那個朋友了」的想法。

前面有提到，當人發生不愉快的事後，就會想要避開它，這是心理學說的「嫌惡反應」。

但是實際上，要是一發生不愉快的事，之後就從此避開的話，是無法在社會上生存的。可能去不了公司、朋友也都沒了。

遇到這種情況時，**「如何處理壞心情」**就是一件非常重要的事。

有許多方法可以處理壞心情，就在這裡為大家介紹2點：

- **完全投入在喜歡的事情上，就此忘記不愉快的事。**
- **做些輕微運動，讓身心煥然一新。**

喜歡打電動的人，打電動打得很開心的時候，就會變得渾然忘我。腦中只有電動，把其他事全都忘掉。

喜歡唱KTV的人，在唱歌的時候，也會完全忘掉那些不愉快的事。

像這樣做做喜歡的事，就可以完美地處理掉「壞心情」。

可以用全新的心情，來繼續努力工作、跟朋友相處。

另外，運動也對重振心情很有幫助。適度運動可以忘記不愉快的事，讓態度變得積極又正向。

這麼一來，就算遇到了不愉快的事，也可以讓心情恢復，覺得「不用在意這種事，繼續加油吧」。

盡快消除壞心情

◆藉由「逃避五分鐘」、「深呼吸」來切換心情

就算是在平常的日子裡，我們每天也都會遇到許多「不愉快的事」。

更別說處在困境時，「不愉快的事」根本就是排山倒海而來。

想要成功克服困境、不就此灰心喪氣的話，這兩點是非常重要的。

「不要讓壞心情持續很久」

「盡可能當場就處理掉壞心情」

如果讓壞心情拖久了，「實在很討厭」、「真令人生氣」這些負面的情緒，就會像滾雪球般越來越多。

因此，盡早處理掉壞心情，才是明智的做法。

以下有兩個方法：

・離開現場五分鐘

・深呼吸

當我們在職場上發生一些不愉快時，「好想辭職，我不想再和這些主管、同事待在一起」，這樣的想法就會加深。

我們不用一味抗拒這樣的想法，可以自然地順從這樣的想法。

只是，我們不能一直離開工作崗位，所以就得自己決定個時間，五分鐘、十分鐘，這段時間就離開屋子，出去外面呼吸新鮮空氣、做做深呼吸。

沒辦法出去外面的話，也可以在茶水間裡做做深呼吸。

只是這樣，就可以讓壞心情減輕許多，成功轉換心情。

光只是稍微離開一下現場，就可以讓想法變得樂觀許多、把事情輕輕帶過，覺得「這點事情沒什麼大不了」。

另外，深呼吸也可以讓亂糟糟的心情恢復平靜，讓人能用冷靜的態度思考事情。

第六章

尊重自己

就算沒有人認同，自己也要讚美自己

◆寫寫「給自己的讚美筆記」

意志消沉的時候，想要快速振作起來、恢復精神，其中一個訣竅是**「提高自尊」**。

「提高自尊」是心理學用語，意思是**「肯定自己的存在是有價值的」**。

「自尊」高的人，就算遇到困難，也會不屈不撓地加以克服。

然而，「自尊」低的人，只要遇到一點點困難，就容易灰心喪氣、無法重新振作，就這樣失敗了。

由此可見，想要活得堅強的話，「提高自尊」是非常有幫助的。

要提高這份「自尊」，最簡單有效的方法，就是**「讚美自己」**。

「你做得很好，實在很了不起。」

「我真是太厲害了！我非常有能力！」

對著鏡子裡的自己，說說這些讚美的話。

就算身邊的人都不認同自己的價值與能力，自己也要讚美自己。習慣去「讚美自己」，自己就會脫胎換骨，變成意志堅強的人。

有「讚美自己」習慣的人，心理狀態會比較穩定，人際關係也會比較良好，也有報告指出，這樣的人較不容易得到憂鬱症之類的「心理疾病」。

可以把讚美自己的話，寫進筆記本裡。

像是寫日記一樣，寫一本**「讚美筆記」**。

在一天要結束的時候，回想一下當天發生的事，「我做了一件好事」、「我做得真好」寫下讚美自己的話。

用這樣的方法，就能養成「讚美自己」的習慣。

越是重視自己，就越能對抗困境

◆提高「自尊」，戰勝困境

關於前面提到的「自尊」，這裡再從不同的角度加以說明。
用以下的方式來說明「自尊」，一般人比較容易理解。

「重視自己」、
「喜歡自己」、
「對自己有信心」、
「有勇氣活出自己」

也就是說，「自尊」並不是覺得「自己比別人厲害」的自滿的態度。
也不是恣意妄為、凡事只想到自己。
而是**與身邊的人保持良好的關係，同時也重視自己，活出自己的風格，**

並且建立起自己的幸福。

在自己與身邊的人都過得幸福的情況下，同時保有自己的價值觀。

心理學上認為，「自尊」高的人，克服困境的能力很強，就算遇到了困難，也能用積極、正面的態度去戰勝困難。

而提高「自尊」的方法，有前面介紹過的「讚美自己」，另外，這裡再列出其它幾項：

- **保持好奇心，多方涉獵**。
- **習慣「感到滿足」**。
- **擁有美好的夢想與希望**。

如果能做到這幾點，自尊也能夠提高。

當人生只有工作，那工作遇到瓶頸時，你該怎麼辦？

◆除了工作之外，需要有其它「活躍的領域」

有一種典型「無法承受逆境的人」，就是「除了工作之外，其他一無所有」。

換句話說，這種人對工作以外的事都沒有興趣。

「我一直以來心裡都只有工作，也沒有什麼嗜好，就算要我享受生活，我也不知道該怎麼做。」

「我除了工作之外，就沒有什麼特別擅長的了。除了工作以外，就沒什麼值得一提的成就了。」就是像這樣的人。

但是，就算是這種生活中只有工作的人，也一定會有「工作遇到瓶頸的時候」。

生活中只有工作的人，如果在工作上失去了自信，會變得如何呢？

這個人就會覺得自己沒有生存價值，很容易就這樣消沉下去，再也無法振作起來。

在這種時候，如果這個人是這樣的話——

「我的嗜好是栽種盆栽，在盆栽的領域裡，我還小有名氣喔！」

「我放假會去做義工，常常受到許多人的感謝喔！」

那麼，在工作上遇到瓶頸時——

「人生不是只有工作，我還有我的嗜好」、「雖然主管覺得我不好，但我在做義工的時候還是有很多人感謝我，這樣就夠了。」就能像這樣換個角度去想。

也就是說，情緒不會太過低落，**不會全面否定自己**。

就算陷入了困境，也還是能用輕鬆的心情，繼續迎向工作的挑戰。**用輕鬆的心情去面對困境，更能充分發揮自己的能力，也能比較快解決問題。**

活得滿足，就不會灰心喪氣

◆不要執著在不滿的情緒上

如果你想要成為「不畏困境的人」的話，擁有「知足」的習慣，是很重要的一點。

當然，不論是誰，日常生活中都會有許多覺得不滿的事。

例如，「我收入好少，光靠這點薪水，根本就做不了想做的事情。」但是，如果換個角度想的話，就會覺得「雖然薪水很少，但只要有在工作就好了。再說，只要自己發揮一下創意，很多事情就會變得很有趣」。用不同的角度思考，不滿也會變成滿足。

因此，**擁有「知足」的習慣，是很重要的**一**件事**。

平時就培養出這樣「知足的心」，就算陷入困境中，自然也能夠積極地去克服。

當工作進行得不順利，被主管罵得很慘，同事冷漠以待，感到很難過、痛苦的時候，「只要還有工作，就是很幸福的。再繼續努力加油吧！」，就能像這樣正向地思考。

就算處於逆境中，也不會就此灰心喪氣，還能繼續保持開朗與朝氣，去對抗逆境。

如果一直持續對「收入很少」感到很不滿，那麼只要稍微被主管斥責，或是被同事冷漠以待、感到被孤立，就會無法承受、直接逃走。

對自己的現狀感到不滿，就等於自我否定自己的存在價值。

對自己的生活感到滿意，跟「重視自己」、「喜歡自己」有著密切的關係。

也就是說，提高「自尊」，也能提升自己「克服困境」的力量。

有夢想和希望，才能通過嚴苛的考驗

◆懷著自己的夢想與希望活著

美國的海倫凱勒（19〜20世紀）致力於社會福利，她說過這樣的話：「夢想與希望是一種信仰，能帶領人們走向成功。沒有夢想與希望，將會一事無成。」

海倫凱勒兩歲時，因為高燒而失去了視覺、聽覺，甚至也無法說話。

僅僅兩歲，就已經遭遇了人生困境。

在這之後，雖然恢復了說話能力，但視力與聽力就是無法改善。

長大後的海倫凱勒，懷抱著夢想與希望。

她的夢想與希望是，**就算眼睛看不到、耳朵聽不見，也能靠自己的力量活下去**。

還有就是，提升身障者的社會福利。

為了實現這份夢想與希望，她到處進行演講，不光只在美國，還遍及了世界各地。

也分別在二戰前與二戰後，兩度來日本進行演講。

海倫凱勒就如她自己所說的一樣，因為擁有夢想與希望，所以能夠克服困境，成為致力於身障者福利的世界名人。

抱有夢想與希望，跟珍惜自己的人生有很大的關係。

她不會認為「因為我看不到，所以什麼都做不了。因為我聽不見，所以做什麼都會失敗」而否定自己的人生，而是接受「眼睛看不到、耳朵聽不見」的事實，背負著這些不利條件，仍好好珍惜自己的人生。

正因有夢想與希望，所以不管遇到怎樣的難關，都不會迷失自己，能夠堅強地活下去。

在難關中還是能好好珍惜自己人生的這種心理，心理學稱為「自尊」。「自尊」高的人，始終能克服難關。

注意自己的優點，不要只看著自己的缺點

◆自己其實有許多優點等待發掘

有些人不管在工作，還是人際關係上，都只會一味地注意自己的缺點。

和別人說話的時候，會覺得——

「我很不會講話，對方一定覺得我講話很無聊。」

「我這個人不太親切，應該會讓對方很不高興吧。」

像這樣，容易困在負面的情緒中。

在職場上也是。

「我工作速度很慢，身邊的人一定都覺得我在拖累他們。」

「我工作又出錯了。要是公司沒有我的話，同事一定會比較開心吧。」

產生上面這樣的心情。

這種只會注意自己缺點的人，對困境的承受度較低，稍微一點事情就會變得灰心喪氣。

想要有強韌的內心、成為不畏困境的人，就不該「注意自己的缺點」，而是**要習慣去「注意自己的優點」**。

「我雖然很不會講話，卻很會聆聽別人說話。就因為我善於傾聽，反而很受到歡迎。」

「雖然常有人說我『態度不親切』，但其實我這個人很熱心助人。」

「雖然我工作很慢，但相對的我非常小心謹慎，我的工作品質是受到認可的。」

「雖然我工作會出錯，但是我還是能加以挽回。說起來，再也沒有其他人像我這麼有能力了。」

像這樣去**「注意自己的優點」**，內心就會變得越來越堅強。

並且，也會得到足以克服困境的力量。

能夠接受自己缺點的人，比較能克服困境

◆接受自己，然後思考「該怎麼做」

有些人能夠坦然接受自己的缺點，而有些人無法接受。

無法接受自己缺點的人，會一直煩惱自己的缺點，對缺點感到自卑，思想也會比較負面、無法融入群體裡。

這一類的人，只要發生什麼不順心的事，或是事情發展得不順利時，思考就會立刻變得很悲觀，覺得「我有這麼大的缺點，不管我怎麼努力，都不可能克服的」。

在這種情況下，「我討厭自己這個缺點」、「如果這種缺點有辦法消失的話，我一定會讓它完全消失」，與其像這樣一直無法接受缺點，倒不如接受缺點。接受自己的缺點，接著思考要如何做才能活出美好的人生。

古羅馬詩人賀拉斯（西元前1世紀）說過這樣的話：

「如果你一直在意自己的缺點，為此感到煩惱、丟臉的話，那就會掉進更糟的缺陷中。」

例如說，有個人缺點是「缺乏企劃能力，構想都很平庸」，而他對這些感到非常丟臉，無法接受自己有這個缺點。

於是，這個人因此而「思想變得很負面、封閉起自己的內心」，於是掉進了更糟的缺陷裡。或是「個性變得很頑固，無法與人相處」，產生了更大的缺陷。

而且，這一類的人一旦遇到了困境，也會因為「缺乏恆心毅力、很快就放棄」。

所以，就好好接受「缺乏企劃能力，構想都很平庸」的缺點，**「既然這樣，那我就讓自己手腳靈巧一點吧」**、**「那我就拓展人脈，找那些有創意的人一起合作吧」**，這樣想，才能用正面的態度活出自己的人生。

清楚了解自己的長處是什麼

◆用優點來彌補缺點

想變得不畏困境，就必須清楚知道「自己的優點是什麼」。

因為，如果清楚了解「自己的優點」，就能在身陷困境的時候，徹底發揮自己的優點、脫離困境。

「不屈不撓就是我的優點。」像這樣的人，或許就能靠著他的不屈不撓來克服困境。

「我的優點是人脈很廣。」像這樣的人，就能藉助許多人的知識與力量來克服難關。

日本鎌倉時期的禪僧無住（13〜14世紀）說過這樣的話：

「人都有優點，就算只有一個也好，那麼，就算有許多缺點，那些缺點也不會對自己的人生產生阻礙。」

「不屈不撓就是我的優點。」這樣的人，或許會有「想不到新點子」、「不聰明」、「蠻不會做事的」這些缺點。

就算這樣，這些缺點也不會阻礙他克服困境。

只要能發揮自己「不屈不撓」這僅有的一個優點，不管有怎樣的缺點，都可以克服困境。

同樣的，優點是「人脈很廣」的人，或許也有很多其他的缺點。

但是，如果能夠充分活用「人脈很廣」這項優點，就能彌補其他缺點、克服困境。

總而言之，不要只一味地注意自己的缺點，而是要了解自己有什麼優點。我們可以說，能夠好好發揮自己優點的人，「對困境的承受度較高」。

與其在意缺點，不如善用自己的優點

◆請別人來告訴自己有什麼「屬於自己的優點」

不管是誰，都會有「屬於自己的優點」。

但是，常常自己完全不會注意到自己的優點。

我曾經聽過這樣的事情。

一所大學的棒球社來了一位新社員。

他是一位常常揮棒落空、被三振的選手，他對此感到非常煩惱。

然後，他為了在比賽中不要被三振，於是當他在打擊的時候，心裡只想著要讓球棒打到球。

可是棒球社的教練卻認為「這樣他就沒辦法發揮出自己的強項了」。

他的強項其實是——可以把球打得很遠。

他其實是全壘打打者。但是，他心裡只想著要打到球，所以揮棒幅度變小，球沒辦法打得很遠，因此，就無法發揮出自己寶貴的優點。

這個時候，教練告訴他「被三振沒關係，只要專心打出全壘打就好」。他聽了教練的話以後，被三振的次數增加了，但也接二連三地打出了好幾支全壘打，之後，就成了球隊的中心打者。

人們常常像這位選手一樣，只會去注意自己的缺點。

於是就看不到自己的優點。

比起「注意缺點」，更重要的是「運用自己的優點」。

因此，我們需要好好想想，自己到底有什麼優點。

如果不知道自己有什麼優點，就請別人扮演「教練的角色」，請對方給點意見、告訴自己有什麼優點。

常常在聽了別人的意見後，就會注意到那些原本看不到的優點了。

自己的長處「平時就要好好鍛鍊」

◆自己的長處如果沒有加以磨鍊，就會弱化

想要成為不畏困境的人，就要「清楚自己的強項是什麼」。

這裡再加上一點，就是還要**「平時就好好鍛鍊自己的強項」**。

可貴的「強項」如果沒有經過好好訓練，也會鏽鈍、弱化。

在關鍵時刻時，「變弱的強項」是派不上用場的。

日本戰國時期到江戶初期，有位活躍的劍豪宮本武藏（16〜17世紀），他說過這樣的話：

「**持續練習一千天，是為『鍛』，竭盡心力練習至一萬天，是為『鍊』。所謂的『鍛鍊』，就是每天不斷地拼命練習，持續磨鍊劍術。**」

「劍術高超」是宮本武藏的長處。

但他卻還說「要是沒有每天練習劍術的話，劍術就會變弱，關鍵時刻就派不上用場」。

有些人會覺得「我的長處就是很會出主意」。

這種人在平常的時候，就要去增進自己的創意。

看看報紙、雜誌，接觸許多資訊；在街上散散步，看看現在流行什麼；聽聽各種不同的人說話，激發自己的好奇心……這些都對「增進創意」有所幫助。

平時就這樣不斷累積，等到哪天陷入困境時，腦中就會浮現出能夠克服困境的好點子。

「我的長處是很有體力。」像這樣的人，平時就要適度地運動，具備健康的生活習慣。

正因平時做了這些努力，才能靠這副體力來克服困境。

有時候在絕望的情況下，必須試試有風險的方法

◆鼓起勇氣行動，就會降低危險

中國有句諺語叫做**「死中求活」**。

「死中」指的是「沒救了、走投無路的狀況」。

「求活」意思是「想辦法找出解決辦法，脫離這個絕境」。

只是，這個「求活」還有更深層的意義。

那就是，**「非得去做很危險、高風險的事」**。

在一籌莫展的情況下，如果只是用普通的方法，根本無法擺脫困境。

如果用毫無風險的方法，有可能無法脫離危機。

因此，這個中國諺語告訴我們，「非得要採用危險、高風險的方法」。

當然，有些人應該會對於採取危險行動一事，感到不安與恐懼。

但是，當身處絕境的時候，如果因為害怕採取危險的行動，就什麼都不做的話，問題才真的是完全不可能解決了。

中國還有句諺語叫**「坐以待斃」**。

意思是「在絕境中什麼都不做，就只是傻在那裡，坐等最後一刻的到來」。

把這句話反過來說，就是**「面臨絕境的時候，一定要試試高風險的方法」**。

不懼怕危險和風險，是很重要的一件事。

換句話說就是要鼓起勇氣。

提心吊膽地行動，只會增加危險。

還有一句諺語是「斷而敢行，鬼神避之」。

意思是，毅然決然、果敢行動，就會降低危險。

第七章 樂觀思考

與其過度反省，不如聰明放棄

◆不要再想「都是自己不對」

當事情發展不如預期，或是發生意想不到的失敗的時候，不管是誰，心理都會受到影響。

可能是情緒低落，也可能是煩惱不已。

但是，有一些人很快地就能脫離這種負面情緒、立刻振作起來，繼續積極又堅強地生活。

相反的，有一些人無法脫離這種負面情緒，一直不斷地憂愁、煩惱。

心裡學有個詞叫**「自罰傾向」**。

有這種人格傾向的人，當發生了一些不好的事情時，容易去把責任攬在自己身上，自己懲罰自己。

「是因為我不夠努力，事情才會變成這樣的。沒有人像我這麼笨。」、

「我自己造成的失敗，讓大家也連帶遭殃，我真是該死。」

這份「自罰傾向」越強的人，就越難從負面情緒中恢復。因此，就會一直不斷地憂愁、煩惱。

想要成為「不畏困境的人」，就必須減輕這份自罰傾向。

做法就是，**提醒自己不要去想「都是自己的錯，事情才會變成這樣」**是很重要的一點。

不該想「都是自己的錯」，並且適當選擇放棄，這才是比較明智的做法。像是這樣想：

「這也是沒辦法的事，不管由誰來做，都會是一樣的結果。」

換句話說，就是**不要做過度的反省**。

「希望下次會成功！」接受了事實後，思考就能轉為積極正向了。

×「萬一失敗就完蛋了」
○「失敗可以再重來」

◆雖然人生只有一次，但是失敗依然可以重來

每個人的人生都只有一次。

無法再投胎轉世、重複好幾次同樣的人生。

但是在這僅有的一次人生中，**就算失敗了，依然可以不斷重新來過**。

發明大王愛迪生，他發明出鎢絲燈泡，是經過了幾千次的失敗。

「失敗就再重來，再失敗，就再重來。」他經過這樣無數次的反覆嘗試，愛迪生真的是充滿熱情的一個人。

從他身上可以學到很多「不向困境屈服」的精神。

心理學上有種區分法，認為**人可以大致區分成兩種**，一**種人覺得「遇到失敗還是可以重新來過」，另一種人則覺得「一旦失敗就完蛋了」**。

而心理學的報告顯示，許多覺得**「遇到失敗還是可以重新來過」**的人，**就算面對諸多困難也不會因此退縮，能夠不屈不撓地堅持下去**。

另一方面，許多覺得「一旦失敗就完蛋了」的人，稍微遇到一些困難，就會徹底放棄。不太會有「克服眼前這個困境後，再繼續往前邁進」這樣的動力。

這邊要特別注意的是，**「一旦失敗就完蛋了」這個想法，只不過是當事人自己單方面認定的**。

事實上並不會就此「完蛋」。

不管發生了什麼事，只要自己有心想做，就可以「不斷重新來過」。

如果自己困在「一旦失敗就完蛋了」的想法中，就把想法轉換一下，換成「就算遇到失敗，還是可以重新來過」。

光是這樣子把想法轉換一下，之後的人生就會變得很不一樣。

完美主義者會做出危險的賭注，邁向自我毀滅之路

◆樂觀接受「不如預期的發展」

「有完美主義傾向的人」，對困境的承受度可以說是比較低的。

因為心理學上認為**「完美主義者會非常擔憂、害怕出現『不完美的成果』」**。

說起來，其實完美主義者對於自己「處於困境中」這件事，就已經無法接受了。這些人會希望事情都要發展得順順利利、結果都要符合自己預期，要是沒有這樣的話，心裡就會很不舒服。

但是，有一帆風順的時候、也有禍不單行的時候，這才是人生。

就算是完美主義者，也一定會遇到事情無論如何都不順利的時候，以及不管怎樣都無法符合自己期望的時候。

當完美主義者處於這種「不完美的狀態」時，就會產生強烈的恐懼感和不安感。

在這種情況下，完美主義者會採取的行動通常會是以下兩種：

- **做出危險的賭注，藉此一口氣扭轉局勢。**
- **用些小手段或是旁門左道，來獲得成功。**

例如說，在工作上遇到困境時。

工作會有順利的時候，也會有不順的時候。

這是理所當然的，事情不順的時候也不用太過在意，但是這時候，完美主義者就會產生不必要的強烈恐懼感及不安感，覺得「工作要是一直這樣不順下去，感覺就會損失慘重，真要這樣的話就完蛋了」。

然後，常常就會想要一口氣扭轉局勢，而做出高風險的賭注。

當事情發展不如預期的時候，應該用樂觀的態度思考，想著**「就讓它這樣吧。應該過不了多久，就會變順的。」**

「捨棄完美主義，樂觀地生活」，也能幫助我們變得不畏困境。

身處困境的時候，要相信「這不會持續太久」

◆就算被孤立，也要樂觀面對

「公司裡沒有人理解我的想法跟行動，整個陷入孤立狀態。」

「被朋友排擠，一個人孤孤單單。」

「因為自己個性上的問題，而被身邊所有人討厭。」

許多人在遇到這樣的情況時，都會產生強烈的不安。

不過，有些人在這樣的情況下，還是能用比較樂觀的態度，繼續心平氣和地用自己的方式生活。

相反的，有些人則因此苦惱不已，活得越來越自我封閉。

這兩者關鍵的差異就在於，對於未來的思考方式不同。

心裡學有著這樣的報告：

當一個人在群體中被孤立時，覺得「這個狀態不久就會改變了」的人，能夠保持比較樂觀的心情。

而那些覺得「這個狀態會永遠持續下去」的人，則很容易為了被孤立而深深苦惱。

也就是說，陷入困境的人可以分成這兩類：

覺得「這個狀況會改變」的類型，和覺得「這個情況會永遠持續下去」的類型。而覺得「這個狀況會改變」的這種樂觀型的人，對困境的承受度比較高；覺得「這個情況會永遠持續下去」的這種悲觀型的人，對困境的承受度會比較低。

就算在公司中陷入孤立狀態，不用多久就會有人理解自己了。**就算被大家排擠、討厭，總有一天大家還是會接受自己的**。

要這麼相信。不要太過煩惱，繼續保持樂觀的心情，才是明智的作法。

「要討厭我的話，就讓他討厭吧。」

◆不要期盼「大家都喜歡我」

有時候事情明明不是很嚴重，有些人卻會讓自己操心過度，搞得自己心裡非常痛苦。

心理學把這樣的傾向稱為**「抑鬱妄想」**。

「抑鬱妄想」有三種典型：

- **負罪妄想**
- **疑病妄想**
- **貧窮妄想**

「負罪妄想」常發生在人際關係上。

例如，自己傳簡訊給朋友，但是對方沒有立刻回覆。

只是因為這樣，就會覺得「對方應該是討厭我吧，所以才沒有立刻回我的」。

或是抱有強烈的罪惡感，覺得「可能我曾經做過什麼事傷害到對方，所以對方就討厭我了」。

事實上，既不是對方討厭自己，也不是自己做過什麼事傷害到對方，單純只是因為對方沒有注意到簡訊，才會比較慢回覆的。

儘管如此，自己卻擅自拼命妄想「我被人家討厭了。怎麼辦？好難過，好痛苦。實在很對不起，我真是一個沒用的人。」搞得自己心裡非常痛苦。

這種類型的人，「希望大家可以喜歡我」的想法非常強烈，另一方面，卻也對自己沒有自信，「自己沒什麼魅力，沒辦法讓大家喜歡我」。

要讓自己不要陷入這種妄想之中，就要削弱「希望大家可以喜歡我」的想法，**「雖然說希望別人喜歡我，但有時候難免還是會被人討厭，這也是沒辦法的事」**，像這樣不要太堅持，就能有效防止這種妄想。

擔心自己會生病，就真的會生病

◆對健康與死亡，不要太過神經質

有些人感覺胃稍微有點刺痛時，就會想：

「有可能是胃癌，可能已經發現得太晚，完蛋了。」

心臟稍微跳得大力一點，就想：

「這絕對是心肌梗塞的前兆，我可能不久就會死了。」

像這樣過度擔心，讓自己陷入恐慌。

實際上，明明一點胃癌和心肌梗塞的疑慮都沒有的。

像這樣因為一點小事就瞎操心、覺得自己得了嚴重的病，而陷入絕望中、悲觀看待自己人生的情形，在心理學中稱為**「疑病妄想」**。

如果對健康與死亡的態度太過神經質，就很容易陷入「疑病妄想」中。

日本有句諺語是**「精神意志左右病情的發展」**。

這句話，可以解釋為「要是沒事瞎操心、讓自己因此焦慮不安，那麼就容易因為這樣而生病，或者是讓現在生的病更加惡化。因此，應該要保持開朗，不要過度擔心，這樣一來也會提升對疾病的抵抗力」。

當然，平常就要好好注意健康狀況。

但是，也不要對健康與死亡的事太過神經質。

「要是到了該生病的時候，自然就會生病；要是真的歲數盡了，想活也活不了。」像這樣樂觀地思考，保持開朗的態度活著，是很重要的。

如果能保持輕鬆的精神意志，那麼，就算身體出現不舒服，也還是可以用正向的的態度，繼續活出自己的人生。

有些人明明很有能力，卻認定「我沒有能力」

◆找回自信，樂觀生活

有一種人，當他看到新聞播報一家同業公司的新聞：「〇〇公司由於營運狀況不佳，因此希望有一百名員工能自願離職」，只是看到這樣的新聞，他就會覺得——

「我不久後也會被裁員吧。這樣一來就沒有收入了，可能就要過著貧窮的生活了。」變得越來越擔心，結果最後就「因為太擔心會被裁員，所以無心工作」。

事實上，自己公司的營運非常良好，也沒有裁員的打算，其實根本完全不需要擔心。而且，目前錢也都夠用，還有許多儲蓄，生活過得還算不錯。

像這樣明明根本不需要擔心錢不夠用，卻會過度擔心、迷失自己，覺得未來「一定會沒有錢、變得很窮」的情況，心理學上稱為**「貧窮妄想」**。

貶低自我價值的人，容易產生這份「貧窮妄想」。

對自己的能力抱有自信的人，就算真的被公司裁員了，也會保持樂觀的態度去面對，覺得「我所具備的能力，有許多公司都很需要，不用擔心下一份工作，更不用擔心會流落街頭」。

但是，對自己的能力沒自信的人，就會被憂慮的情緒帶著走，覺得「如果被現在這家公司趕走的話，我就找不到別的公司了，這樣一來我就會變得身無分文」。

然而，這個人實際上並非「沒有能力」。

「沒有能力」只是他自己認定的。所以才會因此陷入「妄想」。

重新體認到自己其實也具備很棒的能力、找回自信，是很重要的一件事。

只要能活用失敗經驗，不管失敗幾次都不會灰心

◆把失敗當作一個笑話，講給人笑一笑吧！

小說家志賀直哉（19～20世紀）說過這樣的話：

「一個人再怎麼開朗，要是接二連三失敗的話，也會變得悶悶不樂、喪失幹勁。」

每個人應該都有過這樣的經驗。

失敗個一次、兩次，雖然會沮喪，但是還能夠轉換心情，繼續樂觀思考，想著「再試一次吧」。可是，如果重複失敗了三次、四次，幹勁就會慢慢消失，覺得「再怎麼做都沒有用」。

心理學把這種心裡傾向稱為**「習得性失助」**。

想要讓自己不會陷入「習得性失助」中，就應該要知道**「失敗可以加以

運用」。

日本昭和時期具代表性的一位落語家（單口相聲表演），名叫林家三平（第一代．20世紀）。

林家三平曾有過一段這樣的小故事：

有一次，當三平要走上舞台時，不小心失足跌落舞台。

三平再次登場時，自我介紹說**「我是落伍的三平」**，逗得觀眾哈哈大笑。這句話他用了同音異義的雙關語，「落伍（落下）」跟「落語家（三平的職業）」同音。

把自己的失敗當成笑話帶給大家歡樂，就是一個「運用失敗」的例子。

另外，藉著失敗的經驗來學習，「要是這樣做的話就不會成功，之後要注意不要再犯同樣的錯了」，也是一種「運用失敗」的方式。

很會「運用失敗」的人，就算失敗接連不斷發生，也不會陷入無助的情緒裡。

被嚴厲責罵，有時左耳進右耳出會比較好

◆聽完就忘掉、不要在意，專注在自己該做的事情上

當一個人一直被嚴格的老師或主管責罵時，這個人就會漸漸開始覺得「再怎麼努力也是沒用的」。然後，就完全失去了幹勁。

這種心理傾向前面已經提到過，在心理學中稱為**「習得性失助」**。

舉個例子，有個小孩夢想成為鋼琴家，他跟著一位老師學鋼琴。這位鋼琴老師是一個非常嚴格的人，總是責備這個小孩，「你還是一樣。我已經教過你了，為什麼就彈不出來呢？」

這個小孩不管再怎麼努力練習，都只會得到老師的責罵。

於是小孩就學到了「再怎麼努力也是沒用的」，從此對學琴陷入無助的

心理狀態。

但是，其實他常常彈得很好。

彈琴技術也確實有進步，類似的事情，也常發生在職場上。

例如，有一名屬下總是被嚴厲的主管責罵。

不管再怎麼努力，都還是得不到主管的認同，總是被責備「你做的這些根本不行」，於是不久後這個屬下就失去了幹勁。

遇到這樣的情形時，自己應該要好好想想：**「真的是因為我做得不好，才會被罵的嗎？」**

然後，只要了解到，自己其實也做得不錯，**只是因為主管比較嚴格，所以才會一直罵自己，這樣一來，就不會因此失去自信了**。

如果工作做得不錯，卻還是受到主管嚴厲斥責，那就不用認真地聽進去，只要帶著樂觀的態度，聽一聽忘掉就好。

這麼一來，也就能保持心平氣和，繼續專注於自己該做的事了。

「不管怎麼做都沒用」的時候就乾脆地死心

◆一些事情實在是無可奈何，不要太責怪自己

有些失敗是因為自己的疏失或不夠努力所造成的。

但是，也有些失敗，是不管自己怎麼努力，都無能為力的。

例如說，因為天災而導致生意失敗。

天災是人類無法預見的，而且，自己也沒有辦法防止天災發生。像這樣的情況下，雖說是「生意失敗」，但也未必是「錯在自己」。

要是在這個狀況下過於鑽牛角尖，想著「都是因為我疏於防範天災，是我的錯」的話，那麼，情緒就會越來越低落。

「不管怎麼做都沒用」，像這樣乾脆地放棄，反而會因此產生克服困境的力量。

但是，**當發生一些並非自己造成的失敗時，人類很容易會將它歸結於「自己的責任」**。

心理學有著這樣的報告。

雙親離婚時，敏感的小孩很容易會覺得「是因為我不好，所以爸爸跟媽媽才會離婚的」。

實際上，父母離婚跟小孩一點關係都沒有，離婚完全就只是夫妻間的相處問題。

「這件事我無能為力。」這類型的小孩無法這樣想。每當自己身邊發生了一些問題，都會覺得「我要負上責任」。這種心理傾向，就算長大後也不會消失。

「責任感強」未必不好。

只是，**對於一些遠超過自己責任範圍的事情，就要乾脆地死心，想著「不管我怎麼做也是沒用的」，才能順利切換心情**。

第八章

為自己加油

準備一個口頭禪，在灰心喪氣的時候使用

◆藉由「自我對話」，打造正向思考

陷入困境的時候，有一種處理方式叫做「自我對話」。

意思是「自己對自己說話」。

運動界從以前就一直廣為運用這點。

例如棒球比賽。

九局下半，投手已經陷入絕境，要是被打出安打，就是再見安打了。

這位投手自然是非常地緊張。

「如果被打出安打怎麼辦？」同時也非常地擔心。

這份緊張和擔心，很可能會讓他無法發揮出原本的能力。

在這種情況下，就要對自己說**「冷靜點」**、**「絕對沒問題的」**。

這就是**「自我對話」**。

藉著「自我對話」，可以緩和緊張和擔心的情緒。

而現在，「自我對話」不只用在運動界，連商務人士及自營商等一般人也開始廣泛地使用。

在工作上或日常生活中，當我們面臨一些不好的情況時，「自我對話」可以幫助我們恢復冷靜、消除心中的膽怯。

每個人都有自己專屬的「口頭禪」。

「你一定可以的」、**「沒問題、沒問題」**像這樣想個自己的口頭禪，在自己灰心喪氣的時候就拿來對自己說。

或者，也有人會用著名人士的名言，來當作自己的「口頭禪」。

用自己的方式下工夫，養成「自我對話」的習慣，會對自己很有幫助。

回想自己曾經度過的種種難關

◆把過去的成功經驗說出來給自己聽

前面提到，當人陷入困境時，有**「自我對話」**這個方法，可以幫助人消除焦慮不安、擔心、恐懼等負面情緒，恢復冷靜並找回勇氣。

對困境承受度較高的人，在艱困的狀況下，都會有意識或無意識地運用「自我對話」這個方法。

那麼，究竟要在怎樣的情況下、對自己說怎樣的話，「自我對話」的效果才會比較好呢？

想要了解這點，就必須要知道，雖然都一樣叫作「自我對話」，但是也分成了許多種類及方法。

- **找回自信的自我對話**
- **不讓發怒的人造成恐慌的自我對話**

- **讓混亂心情平靜下來的自我對話**
- **正式上場緊張得全身僵硬時的自我對話**
- **故意說出負面言語的自我對話**

每一種「自我對話」都很好用，也都很有幫助。

取回自信的自我對話，是其中很重要的一個。

人在陷入困境時，很容易就會失去自信。

「我已經撐不下去了」、「我根本沒有辦法克服難關吧」，腦海中會出現許多負面的想法。

在這樣的情況下，可以使用「取回自信的自我對話」。

作法就是，**回想自己至今經歷過的事**。

「從以前到現在，我不也克服了許多難關嗎？這次的難關也一定能度過的！」像是這樣的自我對話。

把過去自己堅強度過難關的經驗，說出來給自己聽聽，就能找回失去的自信。

偷偷告訴你一個不怕被罵的小秘訣

◆自問「這個人為什麼會生氣？」

遭到客戶用很兇的口氣申訴、被顧客激烈地批評時，有時候我們心理會陷入恐慌狀態。

主管在大家面前對自己大發雷霆、把自己罵得很慘的時候，我們也會很容易陷入恐慌狀態。

這樣一來，可能就會變得不知該如何回答、應對。

在這種情況下，有種「自我對話」可以幫助自己解除恐慌狀態、冷靜地掌握狀況。

那就是**「讀心自我對話」**。

「這個人為什麼會這麼生氣呢？」

「這個人究竟希望我為他做些什麼呢？」

「課長平常還蠻溫和的，今天到底是怎麼了呢？」

像這樣，自己問自己，就可以幫助自己恢復冷靜與理性。

當然，在這種情況下，不可以「說出口」，這樣可能會讓對方聽到，所以只能在心裡說。

還有一個方法是**觀察對方，再把觀察到的說給自己聽**。

「這個人的說話方式感覺好像哪個藝人喔！」

「課長的領帶歪掉了耶！」

不是說「這人真討厭」、「我討厭這種人」這類主觀性的話，而是客觀地說些對方表面外顯的部分，這點很重要。

這個方法可以幫助自己恢復冷靜。

「樂觀的話語」能平靜心靈

◆請把看到的、聽到的直接說出來

當人被逼到走投無路時，內心就會陷入混亂狀態。

頭腦變得一片空白，不知道該怎麼做才好，沒辦法做出恰當的判斷。

在這種情況下，有些「自我對話」能有效幫助混亂的心情平靜下來。

「沒問題的。」

「總會有辦法的。」

「又不會沒命。」

「還用不著擔心。」

「不用在意、不用在意。」

這時候的重點在於，要盡可能**對自己說些「能讓自己樂觀起來的話」**。

在這種情況下，要是講些用來振奮人心的激烈字眼，往往會造成反效果，反而讓心裡變得更加混亂。

另外，**把眼睛所見、耳中所聽的直接說出來**，也能幫助混亂的心情平靜下來。

「今天天氣真好。」

「有風。」

「窗戶可以看到有電車通過。」

「有鳥在叫。」

「聽得到卡車的引擎聲。」

像這樣，不帶個人主觀情緒，直接把所見、所聞講出口，心情就會平靜許多。

正式上場前，回想自己曾付出的努力，就不會緊張了

◆讓自己注意力集中，充分發揮能力

有時候我們在重要場合時，會緊張得全身僵硬、頭腦一片空白。

「自我對話」也可以幫助我們消除緊張、恢復冷靜。

在這樣的情況下，可以**回想一下至今自己所做的努力**，心情就會平靜下來，恢復冷靜。

比如：

「為了這份簡報，我每天都花兩個小時，做角色扮演的模擬。人事已經盡了，接下來就只有聽天命，用這樣的心情來面對就好了。」

「為了在這次運動競技中拿下第一名，我做的努力比別人多上一倍，能做的都做了，接下來就只有祈禱勝利女神會對我微笑了。」

而緊張感有分好的和壞的。

比起一點都不緊張，適度的緊張較能讓自己的能力充分發揮出來。

但是，如果這份緊張太過強烈，而變成「頭腦一片空白」、「腳在發抖」、「全身僵硬，身體不聽使喚，也沒辦法好好說話」狀態的話，就沒辦法發揮出自己的能力。

身處在對自己未來有決定性的重大場合時，很有可能會因為太過緊張而無法好好發揮能力，因此必須要好好注意。

要面對「人生中的重大場合」時，當然事前一定會經過相當的準備與練習，累積許許多多的努力。

想一想自己所做的這些努力，然後作自我對話：**「花時間做了這麼多的準備跟練習，一直努力到現在，所以一定沒問題的，會很順利的。」**就能消除多餘的緊張，轉變成好的緊張。

而且，還可以好好調整好心理狀態，讓自己的能力能夠充分發揮出來。

有時候說說負面的話，心就會輕鬆起來

◆實在無能為力的時候，就發發牢騷也沒關係

當事情不如預期，心情亂到快爆炸了，這個時候說說負面的話，或許也能讓心裡輕鬆起來、恢復冷靜。

「根本做不下去了啦！」

「煩死了，真討厭！」

「都快累死了！」

「開什麼玩笑！」

為什麼有時候藉由這些負面的話進行自我對話會有所幫助呢？這是因為，這樣一來，「根本做不下去」、「真討厭」的情緒可以向外釋放出去。

釋放這些負面的情緒後，思考方式就會因此改變。

「根本做不下去啦！**可是，一旦克服了以後，大家對我的評價就會一口氣提高。**」

「煩死了，真討厭！**但只要忍耐一下，就會有燦爛的未來等著我。**」

「都快累死了！**但是，就快做完了，把它撐完以後就輕鬆了。**」

「開什麼玩笑！**可是，不只是我一個人辛苦，其他人也都很辛苦，所以我不會一個人在那耍賴。**」

像這樣，轉換成積極正向的思考。

如果不把負面情緒發洩出去，一直累積在心裡的話，就會一直處於「根本做不下去」、「真討厭」的狀態，沒辦法繼續往前邁進。

會一直停留在「根本做不下去」的狀態，就不會出現「如果能克服眼前這個狀況，我就……」的想法。

試試各式各樣的「自我對話」，而當自己不管怎樣都沒辦法積極正向的時候，就可以講負面的話來試試看。

或許因此就能度過難關了。

回想過去的成功經驗，找回自信與勇氣

◆想想過去的成功經驗或是克服困難的經驗

「回想過去的成功經驗」，也是克服困境的其中一種方法。

假設，現在工作上陷入了瓶頸，正處在困境中。

這種時候，就可以回想一下「過去的成功經驗」。

「說起來，我剛進公司的時候，工作做得比前輩還要好，主管還大大誇獎我。」

「以前我做的一份工作，曾經談成一筆大生意，當時總經理還特別表揚我呢！」

這麼一來，就能對自己的能力抱有自信，並且得到勇氣。

「我的工作能力也未必很差，一定有辦法克服眼前這個困境的。」

另外，想必大多數的人不是第一次發生「面臨瓶頸」、「處在困境」的情況。

過去應該也發生過一樣的狀況吧？

而且，還曾經克服過那些狀況。

回想起這些「過去解決困難的經驗」，就能得到自信與勇氣。

「這次一定也要打破這個困境！」也會燃起鬥志。

也不是只能回想「工作方面的事」。

「我小時候，曾經拼命做暑假作業，然後被老師誇獎了。」

「考大學的那個時候，我也曾經灰心喪氣過，但最後還是克服了難關，錄取了理想的大學。」

回想起過去的成功經驗，可以幫助我們找回自信與勇氣。

好好記住是什麼契機讓自己克服困境

◆用以前的方法，再次克服困境

人生會碰到一些轉捩點，我們的困境也會有它的轉捩點。

「過去某段時期的經驗，幫助自己脫離了困境」這樣的情況常會發生。

例如：

「我偶然參加了一場聚會，認識了一個人，這件事就是我當時困境的轉捩點。那個人給了我很多建議，託他的福我才擺脫了困境。」可能有人會這麼說。

「有個歌手給了我很多力量。要不是聽了那位歌手的歌，我可能還沒辦法克服困境。那個時候聽到那位歌手的歌，就是我困境的轉捩點。」也有人有這樣的經驗。

「我在寺廟裡聽了一名僧侶講道，這就是我困境的轉捩點，這讓我心裡變得不再痛苦。」也許還有人會這麼說。

而這些經驗要好好地記起來。

因為，當之後再遇到困境時，這就能當成一個參考，告訴我們怎樣做可以脫離困境。

遇到困境，**試試看以前幫助我們脫離困境的那個方式**。

如果「認識別人」曾經是困境的轉捩點，那麼當自己又遭遇困境的時候，就多出席一些集會，多認識一些新朋友。

如果「歌手的歌」曾經是困境的轉捩點，那麼當自己又灰心喪氣的時候，就聽聽歌來讓自己打起精神。

如果「僧侶講道」曾經是困境的轉捩點，那麼當自己又感到痛苦的時候，聽聽僧侶講道，內心就能得到安慰。

再試一次以前的方法，或許又能跟之前一樣，成功克服困境。

遭遇困境的經驗，會成為往後人生的貴重財產

◆試著夢想「我將來要把這些經驗寫成一本書」

日本有位小說家，名叫廣津柳浪（19～20世紀）。

他說過這樣的話：

「**我的經歷就是由一次又一次的失敗所組合而成的。**」

他生於日本幕府末年時期的長崎縣。小時候做了壞事，讓父親相當生氣，將他趕出家門，寄養在親戚家中。

之後，他到了東京，打算以後要當醫生，於是進入現在的東京大學醫學院就讀。

但是，卻因為生病的關係，不得不面臨退學的命運。

在這之後，他擔任了明治政府的官僚，又因為工作不認真而被免職了。

於是，他經濟陷入困境，在社會底層努力求生。

他的人生，實在是一次又一次的失敗，一個接一個的困境。

然而，他把這些失敗與困境的經歷，當成寫小說的材料，寫成了小說，小說也得到了世間認同，於是他成了一位成功的小說家。

這位廣津柳浪，要是沒有經歷過這些困境的話，恐怕是無法寫出小說作品的吧。

不只是這位廣津柳浪，有許多成功的作家，也是將自己經歷過的困境當成材料，寫成了小說或散文。

這麼說起來，對作家來說，「遭遇困境的經驗」會是自己寶貴的財產。

就算自己不是作家，「遭遇困境的經驗」將來或許也會在某方面對自己產生幫助。

「總有一天，我要把我現在發生的事情寫成小說，當上小說家！」這樣的野心，也能成為我們心中的支柱，幫助我們克服困境。

人生的瓶頸，會帶出嶄新的人生

◆這些條件，讓你不會在遭遇瓶頸後「就此完蛋」

小說家吉川英治（19〜20世紀）說過這樣的話：

「**瓶頸是開展下一階段的第一步。**」

遭遇瓶頸並不代表「就此完蛋」。

其實，這是人生新的開始。

而經歷過「瓶頸」後所邁入的新人生，會比之前的人生還要來得充實。

只是，要踏出這個充實、嶄新人生的「第一步」，有幾個必要的條件。

・**要有從困境中學習「工作方法」、「人生重要的事」等等許多東西的精神**。

・感謝在我們處於困境的時候支持我們的人，下定決心今後要好好珍惜這些人。

・在困境中經歷過痛苦後，今後要用謙虛、認真且誠實的態度生活。

・重新思考自己活著的意義，今後要更加珍惜自己的人生。

具備這些精神，才能在經歷「瓶頸」後，踏出強力的第一步，邁向嶄新的人生。

同時，也才能讓經歷「瓶頸」後的人生，過得更加豐富又成功。

如果沒有這些精神，那麼，遭遇瓶頸後，可能就真的「就此完蛋」了。

換句話說，這裡所列出的四點，可以幫助我們不要在遇到瓶頸後，「就此完蛋」。

第九章

珍惜人際關係

認識的人，有一天也許能夠幫助我們脫離困境

◆好好擴展自己的人際圈

當自己陷入困境時，如果身邊有人能給予自己支持、打氣、鼓勵的話，心裡就會輕鬆很多。就能因此產生幹勁，想著「再好好加油吧」，心裡也會出現勇氣。

因此，想成為不畏困境的人，很重要的一點就是要「擴展人際關係」。

例如說，自己開業做生意，面臨了一些嚴峻的狀況。

在這種時候，如果你交遊廣闊，就有人能給自己像是「這樣做就好了」的建議。

「這種事要好好忍耐，加油吧！」還有人會鼓勵自己。

「如果資金有困難的話，我會盡量幫你想辦法。」可能也會有人主動幫

助自己。

「有個人可以見一見，只會有好處，不會有壞處的，我介紹給你認識，跟他見個面如何？」或許還會有人幫自己拓展人脈。

像這樣，如果認識的人比較多的話，在碰到問題時，就會有許多人能在各個方面幫助自己。

那麼，到底要怎麼做，才能擴展人際關係呢？

可以參考**「好心有好報」**這句諺語。

也就是說，平常就要不吝給予身邊的人協助。

幫助別人，不只是「為了對方」。

當自己遇到麻煩時，之前受過自己幫助的人，就會主動幫助我們，「如果有什麼我能做的，就儘管跟我說」。

所以，幫助別人，也是「為了自己」。

平時不吝給予他人協助，人際關係自然就能擴展開來。

如何成為容易得到幫助的人？

◆活得受人尊敬

古羅馬喜劇作家——普布里烏斯・西魯斯，曾說過這樣的話：

「對一個人來說，比起贏得許多財富，贏得大家的尊敬，才是真正寶貴的財產。」為了讓大家理解這段話，在這邊講個日本的民間故事。

從前從前，有一個村子，村子裡有兩位醫生。

一位醫生，就算病人很窮、付不起醫藥費，他也還是會全心全意為他們治療。因此，這位醫生非常受到村民尊敬。

而另一位醫生，只要病人付不出醫藥費，他就會拒絕看診，只幫有錢人治病。因此，這位醫生雖然很有錢，但是村民全都瞧不起他。

有一天，「受人尊敬的醫生」生了重病。村民都很擔心，紛紛帶營養的食物去給他吃，不顧一切地照顧他。

也因為這樣，所以不久後「受人尊敬的醫生」病就好了，恢復了健康。

後來，「被人瞧不起的醫生」也生了重病。但是，完全沒有村民願意去幫助這位「被人瞧不起的醫生」。

於是，「被人瞧不起的醫生」不久就死了。

這個故事想說的，就跟普布里烏斯・西魯斯那段話一樣，告訴我們「贏得大家的尊敬」對一個人來講，是多麼「貴重的財產」。

這也可以套用在一般社會中。**一個人要是平時都不顧一切地幫助別人，那他就會受到許多人的尊敬。**

而當他陷入困境時，大家就會來拯救他。

創造「互助」的網絡

◆過著互相幫助的生活

日本山梨縣的人健康壽命很長，這點是很有名的。

在日本，有所謂的「健康壽命」一詞，指的是平時不需要別人在旁照顧，可以自力生活的歲月。

也就是說，山梨縣有很多「健康長壽的人瑞」。

營養學及醫學等等許多領域的專家，都去研究其中的原因。

其中有專家認為，之間的一個原因，是來自山梨縣自古以來就有的「結」。

「結」，就是所謂的「互助組織」，類似一個地區的自治會，但是人跟人之間的關係，比一般的自治會要來得更緊密，這是它的一項特色。大家互相幫忙，例如一起種田、割稻，還有進行巡邏、消防工作等等。

另外，村民平時也常常會聚在一起，如果有人有什麼煩惱的話，大家就會聽聽他的煩惱，然後一起幫他解決問題。

於是，身處在「結」裡的人就會感到很安心，覺得「就算我陷入困境，大家也會來幫我，我可以好好放心」。

有專家認為，這份安心的感覺，可以幫助紓緩心理壓力，因此健康壽命就會比較長。

山梨縣各個地區，現在也還是有許多這樣的「結」，持續蓬勃發展中。

生活在都市裡的人，也該創造類似「結」這樣的人際網絡。聚集一些朋友圈、同好圈，或者也可以聚集親屬或認識的人等等，組成所謂的「互助組織」。

如果能有這樣的人際網絡，那麼就算遇到困難，身邊也會有許多人可以商量，就能過著安心的生活。

感謝，可以幫助一個人脫離困境

◆感謝對自己嚴厲的人

「感謝別人」，有時候可以幫助自己脫離困境。

一位年輕女性任職的公司進行人事異動，將她從營業部調到了會計部。而她地獄般的生活就此開始。

會計部的主管，對工作要求非常地嚴格。

她只要稍微遲到，就會被主管嚴厲地責備。工作做不到主管要的，或是被主管發現犯錯或疏失時，就會被訓斥得很慘。

她實在感到非常痛苦，每天都作噩夢，夢到被主管罵。

心裡一想到「今天又要被主管罵了吧」，就十分不想去公司。

但是，**她在換了一個想法後，整個心情就輕鬆了許多。**

原本的她，說不出什麼原因，就是很討厭主管，總是心想：「那種人真是討厭。根本不想看到那個人！」

可是，她在看了一本書之後，開始學會感謝，「他是因為對自己有所期待，才會對自己那麼嚴厲，正因為主管那麼嚴厲，所以我的能力也因此提升了許多，真該好好感謝主管。」

她還直接對主管表達了感謝之情：「謝謝您的責備，讓我學到了很多。」

結果，不只她心情變輕鬆了，連主管對她的態度也改變了。

不再不分青紅皂白地嚴厲訓斥，改用溫和的口吻、細心地教導她。

她現在在會計部工作得很開心。

英國有句諺語是**「感謝是一種對未來有所幫助的德行」**。

讓自己懷著感謝，就能脫離困境，迎向光明的未來。

當父母低潮的時候，小孩就是內心的支柱

◆屬下或小孩是自己的依靠

職場上擔任主管的人，會認為「我這個做主管的，就是屬下的靠山」。有小孩的人，會認為「小孩需要父母給予依靠，才能順利長大」。這些都是事實，但是，當這些主管陷入困境時、當這些家長灰心喪志的時候，能夠支持他們的，或許就是他們的屬下與小孩。

18～19世紀，瑞士有位教育家，名叫裴斯泰洛齊。

裴斯泰洛齊在二十幾歲的時候，為了拯救貧困的農民，開始了輔導農家發展的事業。但是，這份事業完全失敗了。

之後，裴斯泰洛齊開了一間孤兒院。當時整個歐洲陷入戰亂之中，出現了許多孤兒，而這所孤兒院就是要收容這些孤兒。

然而，裴斯泰洛齊經歷過事業失敗後，已經沒有足夠的資金了，因此他沒辦法聘請老師及傭人，於是老師及傭人的工作，都由他一個人扛下。他因此非常地忙碌，從早到晚不停地工作，晚上連睡覺的時間也沒有。在這樣辛苦的生活當中，支持裴斯泰洛齊的，其實就是孤兒院中的孤兒們。

裴斯泰洛齊說過這樣的話：

「我沒有家人、助理、傭人，只有這些小孩一直支持著我。」

裴斯泰洛齊一開始設立孤兒院，是為了要讓這些孤兒有所依靠，不過在不知不覺中，這些小孩的笑容，以及充滿活力到處奔跑的模樣，竟然反而成為了自己內心的依靠。

同樣的，有時候屬下也會成為主管內心的依靠，而小孩也有可能成為父母親內心的依靠。

因此，**必須更加珍惜跟屬下及小孩的這份關係才行**。

要怎麼應付那些嘲諷自己的人？

◆心想「這是一個錯誤示範，讓我有所學習」

在這社會上，未必都會遇到好人。

未必都是些會替人著想、會幫助自己的人。

有時候，也會遇到一些對人不太好的人。

不會替人著想、冷酷的人。

特別在自己處於困境時，更是如此。

看到自己痛苦的樣子，這樣的人會嘲笑自己：「活該，太棒了！」

看到自己過得不好，就說：「跟你做朋友也沒什麼好處，我不會再跟你來往了，拜拜」，就此離去。

在身處困境的情況下，要是還被別人這樣嘲諷、訓斥、毫不留情地對待，實在是會讓人感到更加悲慘。

這時心中「我必須要想想辦法，脫離這個危機才行。」這樣的鬥志，也因此而消失殆盡。

為了避免落入這樣的情況，我們必須要**好好思考，該怎麼看待那些愛刁難人、冷酷無情的人**。

在這種情況下，要注意不要一直因為這樣生氣，不要讓情緒受到影響。日本昭和時期，有位成功的歷史小說作家吉川英治，他說過的這句話，可以當作參考。

「**每個人都是自己的老師。**」

就算是那些愛欺負人、冷酷無情的人，也可以是「自己的老師」。

當有人無情對待自己的時候，就想：「當別人痛苦的時候，絕對不能這樣對待別人。當我陷入困境時，也絕對不會這麼做。」就像這樣，想成是對方在教導我們人生的道理。

「**真是讓我上了一課。」這麼想，就能夠正向、冷靜地面對了**。

一旦發火，火氣就會越來越大

◆下定決心「就算生氣，也不要發怒」

當事情發展不順利的時候，人們常常會「互相推卸責任」。「都是你，才會變成這樣！」、「不對，我們會陷入困境，要由你來負責，是你的錯！」像這樣互相指責對方。

公司營運惡化，前景黯淡時，「這都要怪總經理！」、「才不是，是第一線的這些員工要負責！」、「是業務人員的錯！」、「才不是，是商品規劃的人沒有努力做！」有時候也會變成這樣，大家互相把責任推來推去。

就算在家庭裡，也會出現這樣互推責任的情況。

家庭的財務狀況不佳時，妻子指責丈夫「因為你賺得太少，日子才會變這麼苦。」，丈夫則回妻子「是你亂花錢，家裡的錢才會不夠的吧！是你的問題。」

但是，任由自己被怒氣牽著走，大聲叫罵、互相推卸責任，對事情也不會有任何幫助。

重要的是，在雙方冷靜之後，彼此商量：「要怎麼重振公司呢？」、「要怎麼把家裡的財務規劃好呢？」冷靜地商量，就能找到解決問題的方法。

而要做到這點，首先就必須**要記住，不要向對方「發怒」**。

心理學中有一種現象，稱為**「憤怒的漣漪效應」**。

這種現象是「一旦發怒後，憤怒就會像漣漪一樣擴大感染，憤怒的情緒也會越來越強烈」。

一旦發生「憤怒的漣漪效應」，公司的會議、家庭裡的討論，就會轉為激烈的互罵，一發不可收拾。

所以，**一開始就要各自下定決心，要自己絕對不「發怒」，好好地進行討論**。

溝通不流於情緒化，才能好好地溝通。

情緒低落時，勁敵反而會成為我們心中的支柱

◆找個好的競爭對手，互相砥礪

競爭對手也會成為我們「內心的支柱」，讓我們可以活得更堅強。

像是工作上的競爭對手、生意上的競爭對手、情敵等等，人們有各式各樣的競爭對手。

當我們陷入困境時，競爭對手的存在，可以振奮我們的精神，**「我怎麼可能就這樣認輸！我要好好加油，絕對不可以輸給那個人。」**

武田信玄（16世紀）與上杉謙信，是日本戰國時期的兩位武將。

信玄統治的領土是甲斐，也就是現在的山梨縣。

謙信統治的則是越後，也就是現在的新潟縣。

這兩個人同為爭奪天下的競爭對手，也彼此爭奪領土，是敵對的關係。

信玄與謙信也對戰了無數次。

只是，從未分出勝負，總是平分秋色。

信玄病死，謙信得知後，深深嘆息：

「太可惜了，少了一個勁敵。」

對戰國武將來說，敵人比自己早去世，應該是很值得高興的事才對。

但是，謙信並沒有因為信玄死去而高興，反而深深嘆了口氣。

謙信心裡認為，「正因為有信玄這個敵人，所以當我陷入困境時，只要想到『不能輸給信玄』，原本沮喪的心情就會重新振奮起來。這樣說起來，信玄雖然是我的敵人，但同時也是一個良好的競爭對手」。

良好的競爭對手，不單只是「敵人」。

良好的競爭對手，也是能振奮自己的「好對手」。

因此，不要只想著要「痛宰」敵人，要**好好珍惜跟敵人的這份關係**，這樣也能幫助自己成為「不畏困境的人」。

找可以跟自己互補的人當伙伴

◆和能幫助自己的人一起合作

每個企業創辦人，身邊都會有優秀的副手。

創辦人與副手同心協力，一起讓公司成長茁壯，這樣的例子不在少數。

例如，本田汽車的創辦人本田宗一郎，有個出色的副手藤澤武夫。

本田宗一郎與藤澤武夫，兩個人齊心協力，將本田汽車打造成世界級的企業。

本田原本就是一名技術員，他發揮了他天才般的能力，進行汽車與機車的技術開發。

但是，他完全沒有經營公司的才能。

彌補了這個缺陷的，就是藤澤。

本田汽車能將其開發的汽車與機車販賣到世界各地，藤澤功不可沒。

也就是說，藤澤彌補了本田的弱點。

像他們這樣，有個優秀的副手在創辦人身邊，補足創辦人的不足，是企業發展很重要的一個條件。

不論是誰，都會有「不擅長的部分」。

如果有個副手可以補足自己「不擅長的部分」，對於克服困境也是很有幫助的。

假如妻子可以填補丈夫的弱項，那麼，兩人就能建立一個不怕風吹雨打的家庭。就算遭遇困難，家庭也不會因此而出問題。

不管在工作上，還是家庭方面，在任何事情上，自己都必須要知道自己的弱項在哪裡。

然後，**找個能填補自己弱項的人做自己的伙伴**，也是幫助自己成為「不畏困境的人」的一個方法。

用心對待的客人，困境時會成為內心的依靠

◆好好善待客人

對做生意的人來說，客人就是自己「心靈的依靠」。

曾經發生過這樣一件事。

有個人在日本東北地區的太平洋沿岸經營民宿。

但是，西元２０１１年發生了東北大地震，引發的大海嘯把民宿整個沖走了。

所幸，一家人都平安無事。

不過，建築物整個被沖走，無疑是個巨大的打擊。

再加上住在臨時住宅造成的心理壓力，使得這個人在災後一年左右的時間，都完全提不起任何幹勁，過著渾渾噩噩的日子。

的那些常客。

「好期待民宿重新開張。」

「還想再吃吃老闆你做的魚料理。」

「要是重新開張的話，我們全家人要一起去住。」

臨時住宅收到了許多寄給這位民宿老闆的信，全部是以前那些常客寫信來勉勵老闆的。

這些鼓勵的話語，給了民宿老闆力量，民宿最後終於重新開張。

不只是這位民宿老闆，事實上，應該有很多做生意的老闆，都有「因為有客人的鼓勵，我才能克服困境」這樣的經驗。

換句話說，**當自己身處困境時，如果能得到許多客人鼓勵的話，就表示自己平時是很用心對待客人的**。

the ONE 69

逆境力

關於把挫折化爲養分
找回自信的92句話

逆境力：關於把挫折化爲養分,找回自信的92句話/植西聰著；邱心柔譯.
-- 二版. -- 臺北市：八方出版股份有限公司, 2022.04
224面；14.8×21公分. -- (the one；69)
譯自：逆境力のコツ：「レジリエンス」を鍛える92の言葉
ISBN 978-986-381-233-3(平裝)

1.CST: 成功法 2.CST: 生活指導

177.2 111003872

2022年4月 二版第一刷 定價300元

作者	植西聰
譯者	丘心柔
總編輯	洪季楨
封面設計	王舒玗
發行所	八方出版股份有限公司
發行人	林建仲
地址	台北市中山區長安東路二段171號3樓3室
電話	(02)2777-3682
傳眞	(02)2777-3672
總經銷	聯合發行股份有限公司
地址	新北市新店區寶橋路235巷6弄6號2樓
電話	(02)2917-8022·(02)2917-8042
製版廠	鴻友印前數位整合股份有限公司
地址	新北市中和區中山路二段366巷10號
電話	(02)8245-2934·
郵撥帳戶	八方出版股份有限公司
郵撥帳號	19809050